MARION WILLIAMSON

DAS KLEINE BUCH DER

ASTROLOGIE

Aus dem Englischen
von Ute Löwenberg

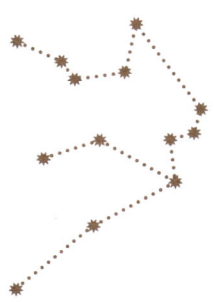

arsEdition

INHALT

Kein Boot hilft einem Menschen zuverlässiger, das Meer des Lebens zu überqueren, als ein Horoskop.

Varāhamihira

EINLEITUNG

Du stehst gerade am Anfang einer spannenden Reise zu dir selbst, die immer faszinierender wird, je mehr du lernst. Die Astrologie ist ein außerordentlich vielschichtiges Thema, so weit und geheimnisvoll wie der Nachthimmel. Wo fängst du also an? Am besten mit dem wichtigsten Himmelskörper unseres Sonnensystems – der Sonne. Zu Beginn erfährst du, wie die Position der Sonne am Himmel bei deiner Geburt mit den Horoskopen zusammenhängt, die du in Zeitschriften liest. Dann lernst du nacheinander die einzelnen Planeten kennen, um ihren magischen Einfluss auf deinen Charakter und deine Zukunft zu untersuchen. Dieses kleine Buch ist zwar für Anfänger:innen gedacht, trotzdem wirst du am Ende alle Werkzeuge haben, die du brauchst, um deine eigenen aufschlussreichen Entdeckungen darüber zu machen, wie du und die Menschen um dich herum ticken.

TEIL 1

WAS IST ASTROLOGIE?

Astrologie ist so viel mehr als die Zeitungs- und Zeitschriften-rubrik »Sternzeichen«. Sie stellt eine allumfassende Studie der menschlichen Erfahrung dar. Sie bietet tiefe Einblicke in unse-re persönliche Motivation und unser Verhalten und hilft uns, unsere Beziehungen zu anderen zu verstehen. Die Astrologie lehrt uns, dass alles Teil einer zusammenhängenden Realität ist. Zu verstehen, wie die uralte Symbolik der Sterne und Pla-neten mit den Ereignissen in deinem eigenen Leben zusam-menhängen kann, ist ein sich ständig weiterentwickelnder Pro-zess. Die Astrologie ist ein Spiegel unserer Welt im Himmel, eine Suche nach menschlicher Bedeutung dort oben. Als die moderne Wissenschaft entdeckte, dass die kosmischen Gala-xien genauso wie die irdischen Mikroben aus Atomen beste-hen, erkannten wir die alte Wahrheit: Wie oben, so unten, wie im Großen, so im Kleinen. Mit anderen Worten: Wir sind alle aus Sternen gemacht!

Was die Astrologie für dich tun kann

Die Astrologie sagt nicht deine Zukunft voraus oder beschreibt deine Persönlichkeit in festgelegten Begriffen. Vielmehr stellt sie das Potenzial bestimmter Eigenschaften oder Ereignisse dar, die zum Vorschein kommen. Die Astrologie kann dir dabei helfen, zu erkennen, wozu du als Mensch in der Lage bist und wann du herausfordernde oder günstige Gelegenheiten nutzen solltest. Die Astrologie hebt aber deinen eigenen freien Willen nicht auf – du wirst nicht von den Planeten kontrolliert! Aber sie schaffen bestimmte Stimmungen und Bedingungen, die du zu deinem Vorteil nutzen kannst.

EINBLICK IN DEINE PERSÖNLICHKEIT

Wenn du verstehst, warum du dich auf eine bestimmte Art und Weise verhältst, oder dir deine Ängste oder Wünsche eingestehst, fühlst du dich automatisch in tieferem Einklang mit dir und der Welt. Kennst du dich selbst besser, handelst du viel bewusster und weißt, was du tust und warum. Dein Geburtshoroskop ist ein Diagramm, das die genauen Positionen der Planeten zum Zeitpunkt deiner Geburt zeigt. Die intensive Betrachtung deines Geburtshoroskops kann dir Fähigkeiten oder Talente offenbaren, die du sonst übersiehst, weil sie für dich so selbstverständlich sind. Du kannst herausfinden, welche Art Berufsweg dich am meisten erfüllen oder welche Art von Job dich zu Tode langweilen würde. Durch das Studium deines Horoskops lernst du deine eigene Motivation kennen – deine Überzeugungen, Wünsche und wirklichen Bedürfnisse. Du wirst herausfinden, was du in einer Beziehung brauchst oder in welche Gewohnheiten du in langen Partnerschaften verfällst. Deine Einstellung zu Geld zeigt sich in deinem Horoskop ebenso wie die Situationen, in denen du es wahrscheinlich verdienen oder verlieren wirst.

Eine kurze Geschichte der Astrologie

DIE ERSTEN ASTROLOGEN

Die Astrologie wurde geboren, als die ersten Menschen staunend in den Himmel blickten. Die Sonne wurde für ihre lebensspendende Schöpferkraft verehrt und die geheimnisvollen Zyklen des Mondes wurden wegen ihrer Auswirkungen auf Flüsse und Gezeiten sorgfältig beobachtet. Die ältesten Mondkalender gehen auf die Aurignacien-Kultur etwa 32 000 vor Christus zurück, als Jäger Kerben und Löcher in Stöcke, Knochen und die Stoßzähne von Mammuts schnitzten, um die Tage zwischen den einzelnen Mondphasen darzustellen. Ohne Kenntnis der kosmologischen Zusammenhänge wurde aufgezeichnet, wann die verschiedenen Sternbilder im Wechsel der Jahreszeiten erschienen. Die Menschen hielten die wechselnden Farben, Helligkeiten und Positionen der Planeten für Omen oder Botschaften der Gottheiten.

DIE BABYLONIER

Die Bürger:innen Babylons in Mesopotamien waren das erste Volk, das ein astrologisches System entwickelte. Im zweiten Jahrtausend vor Christus erstellten sie Horoskope, mit deren Hilfe sie die Wiederkehr der Jahreszeiten und Himmelsereignisse vorhersagen konnten. Ihre Kalender basierten auf den Zyklen des Mondes, und einige der ältesten astronomischen Vorhersagen wurden auf Tontafeln in Keilschrift gefunden – eine der frühesten Schriftformen. Die babylonischen Gottheiten wurden mit den Sternen und Planeten in Verbindung gebracht. Passierte auf der Erde etwas Besonderes, zum Beispiel eine Rekordernte oder der Tod eines Königs, wurde dies einem Himmelsereignis zugerechnet. Die Astrologen der Antike hielten kosmische Finsternisse für Vorboten des Untergangs: Eine böse Kraft des Kosmos raubte dem Volk als Bestrafung den Sonnengott. Die Babylonier entdeckten, dass der Tierkreis – die Abfolge der Sternbilder, entlang derer sich die Sonne und die Planeten durch den Himmel zu bewegen scheinen – als Maßstab für die himmlische Zeit dienen kann, wenn er in erkennbare, gleiche Abschnitte aufgeteilt wird. Sie wählten zwölf Sternbilder aus, um diese Unterteilungen darzustellen – jedes steht für einen bestimmten Zeitabschnitt im Jahr.

DIE PERSER, GRIECHEN, RÖMER UND ARABER

Im Jahr 538 vor Christus wurde Babylon von den Persern erobert, die die Stadt zu ihrem Verwaltungssitz machten. Als diese beiden Zivilisationen aufeinandertrafen, tauschten sie ihr hoch entwickeltes Wissen über die Sterne und Planeten aus. Die astrologischen Kenntnisse der Babylonier wurden von den Persern bewahrt und nach der Eroberung durch Alexander den Großen an die Griechen weitergegeben. Die wiederum brachten ihr kosmologisches Wissen ins Römische Reich. Nach der Eroberung Alexandrias durch die Araber im siebten Jahrhundert blühte die Astrologie unter islamischen Gelehrten weiter auf. Der Tierkreis von Dendera, ein Flachrelief in einem dem Gott Osiris geweihten ägyptischen Tempel, stammt aus dem ersten Jahrhundert vor Christus und zeigt Bilder von Stier und Waage. Er gilt als eine der ältesten Karten des antiken Himmels. Ein Großteil des astrologischen Systems, das wir heute verwenden, einschließlich der Tierkreiszeichen, hat babylonische Ursprünge.

PRAKTIKER MYSTISCHER WEISHEIT

Im 13. Jahrhundert wurde die Astrologie in Europa Teil des medizinischen Alltags. Die Ärzte glaubten, dass die Planeten das Innenleben des menschlichen Körpers beeinflussen würden. Mittelalterliche Schriftsteller wie Dante, Shakespeare und Chaucer griffen astrologische Themen auf. Astrologen hatten einflussreiche Positionen am Hof inne und berieten die Mächtigen über bevorstehende Himmelserscheinungen – und darüber, ob es ein günstiger Zeitpunkt sei, etwa um Krieg zu führen oder zu heiraten. Bis ins 17. Jahrhundert hinein waren Astrologie und Astronomie gleichbedeutend und galten als elitäre gelehrte Tradition mystischen Wissens. Die Astrologie trug zur Entwicklung der Astronomie bei, aber nachdem Galileo und Newton im Zeitalter der Aufklärung neue Durchbrüche in Physik und Kosmologie erzielt hatten, wurde die Funktionsweise des Universums mehr und mehr enthüllt, was die Attraktivität der Astrologie als »physikalische Wissenschaft« deutlich schmälerte.

MODERNE ASTROLOGIE

Im Westen ist die alte Kunst der Astrologie immer noch lebendig und entwickelt sich weiter. Ihre wichtigste Veränderung im 20. Jahrhundert war die Entdeckung, dass sie als psychologisches Werkzeug zur Entfaltung des menschlichen Potenzials genutzt werden kann, nicht wie zuvor fast ausschließlich zur Vorhersage von Ereignissen und zur Alltagsbewältigung. Im frühen 20. Jahrhundert machte Alan Leo, der »Vater der modernen Astrologie«, die Idee populär, dass die Astrologie als Sprache verwendet werden kann, um die Geheimnisse des eigenen Körpers, Geistes und der Seele zu verstehen und zu meistern. 1930 veröffentlichte der *Sunday Express* anlässlich der Geburt von Prinzessin Margaret ihr Horoskop mit einer Deutung des Astrologen Richard Naylor. Der Artikel kam so gut an, dass die Zeitung fortan wöchentlich Naylors »Sonnenzeichen«-Vorhersagen abdruckte und damit die weltweit erste Zeitung mit regelmäßigen Horoskopen wurde.

Astrologische Anwendungen und Techniken

Es gibt so viele Arten der Astrologie, wie es Möglichkeiten gibt, sie anzuwenden, und sie entwickeln und verändern sich sehr unterschiedlich. Hier folgen nur einige der gebräuchlichsten.

PSYCHOLOGISCHE ODER MODERNE ASTROLOGIE

Dies ist die beliebteste Art der heute im Westen praktizierten Astrologie und der Schwerpunkt dieses Buches. Nachdem die Astrologie als Beschreibungsmöglichkeit der Persönlichkeit und der Motivation entdeckt worden war, entwickelte sie sich weg von der Wahrsagerei und wurde zu einer Methode, den Charakter eines Menschen aus einer psychologischen Perspektive zu erforschen. C. G. Jung, der Begründer der analytischen Psychologie, erkannte die Astrologie als eine Form der »Synchronizität« oder des »sinnvollen Zufalls«. Während Sigmund Freud davon ausging, dass Menschen ihren Charakter von Geburt an entwickeln, erklärte Jung unseren Charakter und unsere Persönlichkeit für angeboren. Die Jung'sche Astrologin Liz Greene beschreibt das Geburtshoroskop als »Landkarte der Psyche«, mit deren Hilfe wir zu einem besseren Verständnis unserer wahren Natur kommen können.

STUNDENASTROLOGIE

In der Stundenastrologie versuchen Astrolog:innen, eine Frage zu beantworten, indem sie ein Horoskop für genau den Zeitpunkt erstellen, dem die Frage gilt. Je nach Methode kann die Antwort komplex sein oder ein klares Ja oder Nein bedeuten.

MUNDANASTROLOGIE

Die Mundanastrologie beschäftigt sich mit der Untersuchung der Auswirkungen der Planeten auf Gruppen von Menschen oder Länder. Während Geburtshoroskope für jeden beliebigen Zeitpunkt erstellt werden, interessieren sich Mundanastrolog:innen besonders für Momente in der Geschichte, in denen ein bedeutendes Ereignis stattfindet oder stattfand. Das kann die Gründung einer Nation, die Amtseinführung eines Präsidenten, ein Anschlag wie der auf das World Trade Center, eine Kriegserklärung oder sogar ein Erdbeben sein. Für jedes Ereignis kann ein Horoskop erstellt werden, um zu sehen, wie die Menschen auf die veränderten Umstände reagieren werden.

WAHLASTROLOGIE

Bei der Wahlastrologie entscheiden Astrolog:innen auf der Grundlage der günstigen Konstellation der Planeten den besten Zeitpunkt für ein bestimmtes Ereignis. Für eine Hochzeit zum Beispiel schauen sich Wahlastrolog:innen dein Geburtshoroskop an und legen das Hochzeitsdatum danach fest, wann Venus (der Planet der Liebe und der Harmonie) in einer günstigen Stellung am Himmel steht – verglichen mit der Position der Venus in deinem eigenen Geburtshoroskop.

BEZIEHUNGSASTROLOGIE

In der Beziehungsastrologie werden zwei (oder mehr) Geburtshoroskope miteinander verglichen, um zu sehen, wie Menschen miteinander auskommen. Es gibt zwei beliebte Methoden: Bei der Synastrie vergleicht man die individuellen Geburtshoroskope miteinander. Beim Komposit wird aus den Mittelwerten der Planeten der Partner:innen ein neues, separates Horoskop erstellt. Die Mittelwerte sind der halbe Weg in den zwölf Tierkreiszeichen zwischen deinen Planeten und denen deines Partners oder deiner Partnerin. Wenn zum Beispiel deine Sonne im Stier steht und die Sonne deines Partners im Krebs, wird der Mittelpunkt als Zwillinge angenommen. Oder wenn dein Mond im Löwen steht und der deiner Partnerin im Schützen, wäre euer Mittelpunkt irgendwo in der Waage.

TRADITIONELLE ASTROLOGIE

Die traditionelle Astrologie konzentriert sich auf die Vorhersage und verwendet nur die sieben Planeten, die du mit bloßem Auge sehen kannst (bis einschließlich Saturn). Bis zum 20. Jahrhundert waren fast alle Arten der Astrologie »traditionell«.

ORTSBEZOGENE ASTROLOGIE

Beim Astro-Mapping wird der Geburtszeitpunkt genutzt, um ideale oder kompatible Orte oder Zonen, zum Beispiel zum Arbeiten, Leben, Reisen und Heiraten, rund um den Globus zu berechnen, die mit der persönlichen Konstellation der Person harmonieren. Wenn du wissen willst, wo du den schönsten Urlaub machen kannst, kann dir eine Astro-Landkarte Auskunft geben, wo Venus (Vergnügen) und Jupiter (Fernreisen) dir die besten Chancen dafür bieten.

MEDIZINISCHE ASTROLOGIE

Diese uralte astrologische Technik, auch Iatromathematik genannt, nutzt das Geburtshoroskop, um festzustellen, wo gesundheitliche Probleme liegen. Jeder Bereich des Körpers, die Krankheit selbst und die Heilung stehen in einem bestimmten Zusammenhang mit den Planeten.

Astrologische Traditionen

Die unterschiedlichen Kulturen rund um den Globus haben ihre eigenen astrologischen Traditionen und Systeme entwickelt.

WESTLICHE ASTROLOGIE

Das im Westen am häufigsten verwendete psychologische System setzt die vorwiegend babylonischen Tierzeichen-Traditionen fort. In der westlichen Populärkultur wird diese Art der Astrologie oft auf die Sonnenzeichen-Horoskope reduziert, die sich auf die Eigenschaften der zwölf Sternzeichen konzentrieren.

OPHIUCHUS –
DAS DREIZEHNTE ZEICHEN?

Von Zeit zu Zeit taucht die Idee auf, dass es ein dreizehntes Tierkreiszeichen geben sollte, weil sich die Position der Erde aufgrund ihrer Neigung und Taumelbewegung im Vergleich zu der Zeit vor 3000 Jahren, als die Zeichen zugewiesen wurden, verändert habe und die Sonne nun durch dreizehn statt zwölf Zeichen laufe. Aber Astrologie ist nicht Astronomie. Die Astrologie konzentriert sich auf die Muster der Planeten und des Mondes, wenn sie durch zwölf Zonen laufen, die durch die Beziehung zwischen Erde und Sonne definiert sind. Diese Zonen haben die gleichen Namen wie Sternbilder, aber sie sind nicht mit den tatsächlichen Sternbildern identisch. Die westliche Astrologie verwendet den tropischen Tierkreis, der den Jahreszeiten folgt, basierend auf der Position der Sonnenstrahlen und der Wendekreise. Ophiuchus ist ein Sternbild, aber die

Sonne läuft nicht durch das Sternbild, weil es außerhalb der Ekliptik (der Bahn, der die Sonne am Himmel folgt) liegt. Es gibt mehr als 20 Sternbilder, die die Ekliptik berühren oder an sie grenzen, aber in der westlichen Astrologie werden nur zwölf verwendet.

CHINESISCHE ASTROLOGIE

Dieses System nutzt die chinesische Philosophie, Yin und Yang, und basiert auf den chinesischen Mondzyklen und fünf Elementtypen: Holz, Feuer, Erde, Metall und Wasser. Jedes Jahr ist mit einem Tier und einem Element verbunden.

VEDISCHE ASTROLOGIE

Die alte östliche Tradition der vedischen Astrologie, auch Jyotisha genannt, verwendet den siderischen Tierkreis: die festen, beobachtbaren Positionen der Sternbilder, wie wir sie am Himmel sehen. Dieser unterscheidet sich vom im Westen benutzten tropischen Tierkreis, der auf der relativen und veränderlichen Position der Sonne basiert. Jyotisha arbeitet zudem mit einem mondbasierten Tierkreis, der den Himmel in 28 »Mondhäuser« unterteilt.

MAYA-ASTROLOGIE

Die astrologische Tradition der Maya, die vor allem im Westen und Süden Amerikas praktiziert wird, verwendet ein uraltes und komplexes Kalendersystem, das als Tzolkin bekannt ist und aus 20 Tageszeichen und 13 Zahlen besteht, die ein 260-tägiges Kalender-»Jahr« ergeben. Mit dem Tzolkin kann man bestimmen, was zu bestimmten Zeiten passieren wird, oder Persönlichkeitstypen identifizieren. Die Maya-Astrologie betrachtet die Himmelsrichtungen: Jedem der 20 Tageszeichen ist eine Himmelsrichtung mit eigener Bedeutung zugeordnet.

Transite – Vorhersage von Chancen oder Herausforderungen

Dein Geburtshoroskop ist eine Momentaufnahme der genauen Positionen der Planeten bei deiner Geburt und aufschlussreich für deine Persönlichkeit. Aber im gleichen Augenblick haben die Planeten ihre Position bereits wieder verändert.

Astrolog:innen setzen die laufenden Planeten, also den aktuellen Stand der Sterne am Himmel zu einem bestimmten Zeitpunkt, in Bezug zu deinem Geburtshoroskop. Solche »Transit«-Analysen geben ihnen Aufschluss über deine Zukunft. Transite können Chancen oder Herausforderungen aufzeigen. Die für Transit-Analysen nötigen Planetenpositionen kannst du ganz einfach ermitteln, indem du das aktuelle Datum in einer »Ephemeride« nachschaust. Diese Tabellen der Planetenpositionen gibt es als Buch oder online.

Die Zeichen des Tierkreises

Die Sonne, der Mond und die Planeten bewegen sich auf festen Bahnen durch den Himmel. Die zwölf Sternbilder, die diese Himmelskörper dabei durchqueren, werden als Tierkreiszeichen bezeichnet – zumindest ist das die einfachste Art, sie zu betrachten. Tatsächlich sind die astronomischen Sternbilder und die ihnen zugeordneten Tierkreiszeichen verschieden. Das liegt daran, dass die »echten« Sternbilder unterschiedlich groß und breit sind. In der Astrologie werden alle zwölf Tierkreiszeichen als gleich groß angenommen: Jedes ist ein 30-Grad-Teil des perfekten 360-Grad-Tierkreises. Die meisten Sternbilder des Tierkreises sind nach Tieren benannt: Widder, Stier, Krebs und so weiter. Viele der Namen stammen aus der babylonischen Zeit und davor. Sie beruhen auf der Form der Sternengruppen und darauf, zu welcher Jahreszeit sie am besten sichtbar sind.

ELEMENTARTYPEN

Jedes Sonnenzeichen ist einem der vier Elemente zugeordnet: Feuer, Erde, Luft und Wasser.

Feuerzeichen
Widder, Löwe, Schütze
Feuerzeichen sind enthusiastisch, spontan, aktiv und schnell.

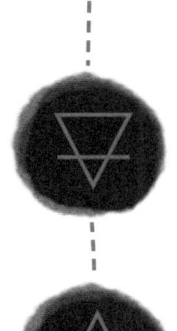

Erdzeichen
Stier, Jungfrau, Steinbock
Erdzeichen sind praktisch, beständig,
zielstrebig und vorsichtig.

Luftzeichen
Zwillinge, Waage, Wassermann
Luftzeichen sind intellektuell, aufgeschlossen,
idealistisch und vielseitig.

Wasserzeichen
Krebs, Skorpion, Fische
Wasserzeichen sind intuitiv, phantasievoll,
empathisch und sensibel.

DER HIMMELSKÖRPER

Jedes Sonnenzeichen korrespondiert mit einem bestimmten
Bereich des Körpers – vom Kopf (Widder, erstes Zeichen) bis
zu den Füßen (Fische, letztes Zeichen).

★ **Widder** – Kopf, Augen, Gesicht

★ **Stier** – Hals, Kehle, Ohren

★ **Zwillinge** – Hände, Arme, Nervensystem

★ **Krebs** – Brust, Bauch, Gebärmutter

★ **Löwe** – Herz, oberer Rücken, Wirbelsäule

★ **Jungfrau** – Dick- und Dünndarm, Bauchspeicheldrüse

★ **Waage** – unterer Rücken, Nieren, Nebennieren

★ **Skorpion** – Genitalien, Blase, Harnwege

★ **Schütze** – Leber, Hüften, Oberschenkel

★ **Steinbock** – Knochen, Knie, Zähne

★ **Wassermann** – Knöchel, Waden, Schienbeine

★ **Fische** – Füße, Immunsystem

TEIL 2

DEIN SONNENZEICHEN-CHARAKTER

Die Erde macht jedes Jahr eine Umdrehung um die Sonne. Die Sonne wandert dabei durch alle zwölf Tierkreiszeichen und verbringt etwa einen Monat in jedem. Das Zeichen, durch das die Sonne zum Zeitpunkt deiner Geburt wanderte, wird als dein Sonnenzeichen oder Sternzeichen bezeichnet. Die Astrologie auf der Grundlage deines Sonnenzeichens gibt einen verallgemeinernden Überblick über deine individuellen astrologischen Eigenschaften. Es ist nicht möglich, ein »reiner« Löwe oder Stier zu sein. Dazu müssten alle anderen Planeten in deinem Horoskop ebenfalls im Sternbild Löwe oder Stier stehen, was aufgrund ihrer Umlaufbahnen und Abstände zueinander niemals möglich wäre. Da die Sonne aber das einflussreichste Himmelsobjekt in deinem Horoskop ist, kannst du schon mit dieser Information eine Menge über dich erfahren. Um aber ein vollständiges Bild zu erhalten, musst du den Einfluss der Sonne mit dem aller anderen Planeten in deinem Horoskop zusammenführen. In den folgenden drei Teilen dieses Buches wirst du die drei wichtigsten Elemente deines Geburtshoroskops entdecken – dein Sonnenzeichen, dein Mondzeichen und deinen Aszendenten.

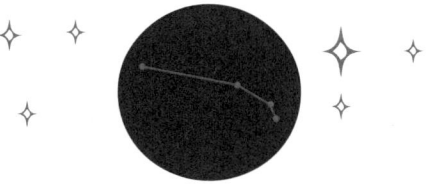

ARIES – WIDDER
(21. März bis 20. April)

Widder-Menschen sind mutig, eigensinnig und ein bisschen kindlich. Sie lieben das Abenteuer und stürzen sich auf jedes Hindernis, das sich ihnen in den Weg stellt. Sie haben eine rastlose Energie und ihrem Enthusiasmus ist schwer zu widerstehen. Der Erfolgswille von Widdern ist legendär und macht sie zu geborenen Anführertypen. Widder sind unabhängige Wesen und bei der Arbeit gern Chef:in. Da sie normalerweise die Regeln aufstellen, fällt es ihnen manchmal schwer, Befehle von Vorgesetzten anzunehmen. Typische Widder geben lieber Geld aus, als zu sparen, und ziehen kurzfristige Aufregung einer sorgfältigen Haushaltsplanung vor. In Beziehungen neigen sie dazu, sich nicht zu binden. Widder sind leidenschaftlich und verlieben sich schnell. Ihre Spontaneität und Ehrlichkeit machen es leicht, ihnen zu vertrauen, denn sie tragen ihr Herz immer auf der Zunge.

BESTE
CHARAKTEREIGENSCHAFT:
Mut

ELEMENT:
Feuer

PLANET:
Mars

ALLGEMEINE MERKMALE:
*durchsetzungsfähig,
spontan, ungeduldig*

KÖRPERTEIL:
Kopf

Warum ist Widder das erste Tierkreiszeichen?

Es mag seltsam erscheinen, dass der Tierkreiskalender im März beginnt. Dies lässt sich dadurch erklären, dass im antiken Rom der März lange Zeit der erste Monat des Jahres war. Der Widder wird in der Astrologie vom Planeten Mars beherrscht. Mars war der römische Gott des Krieges, und so kam der Monat März zu seinem Namen. Der späte März läutet die Frühlings-Tagundnachtgleiche und den Beginn des Frühlings ein: eine Zeit des Neuanfangs.

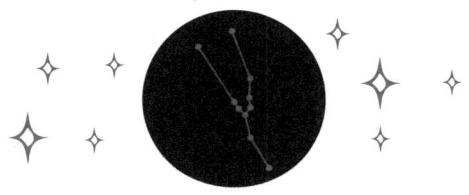

TAURUS – STIER
(21. April bis 21. Mai)

Stiere sind für ihre Verlässlichkeit, Geduld und Ausdauer bekannt, und diese Eigenschaften führen sie oft zum Erfolg, wenn sie ihre Ziele im Leben erreichen wollen. Ihre ruhige Stärke und Entschlossenheit bringt andere dazu, ihnen zu vertrauen, und sie sind treu gegenüber ihren Freund:innen und Angehörigen. Stier-Menschen sind stur. Sie mögen keine Veränderungen und lassen sich nicht zu übereilten Entscheidungen hinreißen. Sie schätzen Sicherheit und ein gemütliches Leben zu Hause. Da sie von Venus, dem Planeten der Schönheit und Harmonie, beherrscht werden, haben sie oft künstlerische Fähigkeiten oder eine schöne Gesangsstimme. Ihre Beziehungen sind in der Regel von langer Dauer und stehen auf einem soliden Fundament – Stiere verschenken ihr Herz nicht so leicht. Sie können etwas langsam sein, wenn es um Entscheidungen geht, aber wenn sie sich einmal entschieden haben, verfolgen sie hartnäckig ihr Ziel.

BESTE
CHARAKTEREIGENSCHAFT:
Stärke

ELEMENT:
Erde

PLANET:
Venus

ALLGEMEINE MERKMALE:
*loyal, besitzergreifend,
geduldig*

KÖRPERTEIL:
Hals

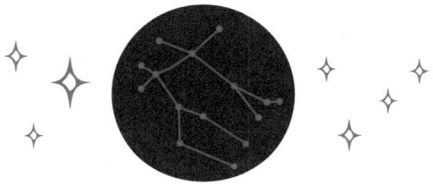

GEMINI – ZWILLINGE
(22. Mai bis 21. Juni)

Zwillinge sind neugierig, schlagfertig und unbeschwert. Sie können zwei sehr unterschiedliche Seiten ihrer Persönlichkeit zeigen – in der einen Minute fröhlich und beschwingt, in der nächsten sehr verschlossen. Zwillinge können mit vielen Projekten gleichzeitig jonglieren und sich leicht an neue Umgebungen und Umstände anpassen. Sie haben viele Freunde und Freundinnen und lieben es, Informationen auszutauschen. Zwillinge-Menschen, die vom redseligen Merkur beherrscht werden, sind die begabtesten Kommunikator:innen im Tierkreis. Sie lernen schnell neue Sprachen und sind ausgezeichnete Verkäufer:innen. Wohl fühlen sie sich, wo es viele Menschen gibt, mit denen sie sich unterhalten können. Zwillinge flirten gern und ihr Liebesleben ist so bunt wie ihr Kleidergeschmack. Sie haben eine natürliche Gabe, selbst mit den schwierigsten Menschen eine Gemeinsamkeit zu entdecken.

BESTE
CHARAKTEREIGENSCHAFT:
Anpassungsfähigkeit

ELEMENT:
Luft

PLANET:
Merkur

ALLGEMEINE MERKMALE:
neugierig, clever, schnell

KÖRPERTEIL:
Arme

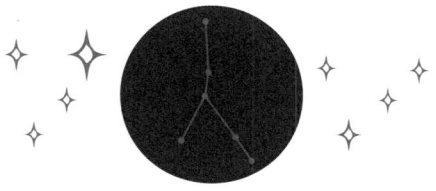

CANCER – KREBS
(22. Juni bis 22. Juli)

Krebse sind hartnäckig, fürsorglich und beschützen die Menschen, die ihnen wichtig sind. Analog zur Schale der Krebstiere stellen sie sich nach außen härter dar, als sie tatsächlich sind, um ihre sensible Natur zu verbergen. Die Gefühle von Krebsen sind so wechselhaft wie die Phasen des sie beherrschenden Mondes. Diese empathischen Persönlichkeiten sind sehr intuitiv. Aufgrund ihrer fürsorglichen Natur eignen sie sich hervorragend als Pfleger:innen, Lehrer:innen und als Koch oder Köchin und sind loyale, aufmerksame Partner:innen. Krebs-Menschen sind auch sehr beharrlich. Wenn sie das, was sie wollen, in ihren Zangen haben, sind sie kaum davon zu überzeugen, es wieder loszulassen, selbst wenn es ihnen nicht mehr nützlich ist. Es ist schwer für Krebse, darauf zu vertrauen, dass alles gut wird, auch wenn sie nicht die Kontrolle haben.

BESTE
CHARAKTEREIGENSCHAFT:
Fürsorglichkeit

ELEMENT:
Wasser

PLANET:
Mond

ALLGEMEINE MERKMALE:
*sensibel, emotional,
hartnäckig*

KÖRPERTEIL:
Brust

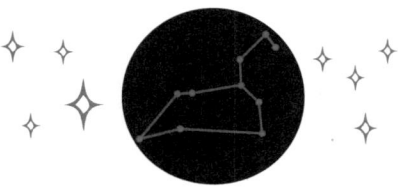

LEO – LÖWE
(23. Juli bis 22. August)

Löwen, die von der kreativen Lebenskraft der Sonne beherrscht werden, haben das Bedürfnis, die Menschen um sich
herum zum Leuchten zu bringen und ihnen Energie zu schen-
ken. Diese stolzen, extravaganten Persönlichkeiten sehnen
sich nach Aufmerksamkeit und fühlen sich ohne ein bewun-
derndes Publikum minderwertig. Zum Glück ist es einfach, sich
für den offenen und großzügigen Geist von Löwen zu erwär-
men. Kreativ und organisiert, können typische Löwen bei den
Menschen, die ihnen wichtig sind, ein wenig herrisch werden.
Löwen sind leichter zu kränken, als die meisten Menschen
denken, und selbst konstruktive Kritik kann falsch aufgefasst
werden und ihr Ego verletzen. Aber wenn Löwen sich geliebt
fühlen und Vertrauen spüren, werden sie Berge versetzen, um
den Menschen, die ihnen wichtig sind, zu gefallen.

**BESTE
CHARAKTEREIGENSCHAFT:**
Großzügigkeit

ELEMENT:
Feuer

PLANET:
Sonne

ALLGEMEINE MERKMALE:
*aufgeschlossen, beliebt,
kreativ*

KÖRPERTEIL:
Herz

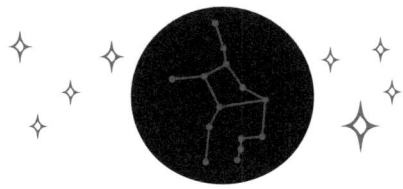

VIRGO – JUNGFRAU
(23. August bis 23. September)

Jungfrauen haben eine unerschöpfliche To-do-Liste und sind das fleißigste Sternzeichen. Wenn du etwas erledigt haben willst, frag eine Jungfrau – wenn sie es nicht selbst kann, kennt sie jemanden, der es macht. Diese bodenständigen, tüchtigen Charaktere sind ordentlich, organisiert und gut darin, Chaos zu beseitigen. Jungfrauen erscheinen in ihrem Streben nach Perfektion manchmal überkritisch, obwohl sie eigentlich versuchen, dir zu helfen oder das Beste aus dir herauszuholen. Fremden gegenüber sind sie eher zurückhaltend und sogar schüchtern, aber sobald sie sich in deiner Gesellschaft wohlfühlen, tritt ihr herrschender Planet, der gesprächige Merkur, in den Vordergrund und sie hören gar nicht mehr auf zu reden. In der Liebe sind Jungfrauen rücksichtsvoll, freundlich und geduldig, aber es ist schwer für sie, sich zu entspannen und Kleinigkeiten auf sich beruhen zu lassen.

BESTE
CHARAKTEREIGENSCHAFT:
Organisationstalent

ELEMENT:
Erde

PLANET:
Merkur

ALLGEMEINE MERKMALE:
*tüchtig, perfektionistisch,
effizient*

KÖRPERTEIL:
Darm

LIBRA – WAAGE
(24. September bis 23. Oktober)

Waagen streben in allen Bereichen ihres Lebens nach Harmonie. Sie sind keine Einzelgänger und lernen ihre wichtigsten Lektionen von anderen Menschen. Auf sich allein gestellt können diese charmanten, diplomatischen Menschen lange brauchen, um wichtige Entscheidungen zu treffen. Deshalb ist es für sie von großer Bedeutung, jemanden zu finden, mit dem sie Ideen austauschen können, damit sie sich selbst und ihr Leben besser verstehen. Die von der schönheitsliebenden Venus beherrschte Waage hat ein Händchen für Dekoration, ist handwerklich begabt oder hat einen ausgezeichneten Kunst- und Musikgeschmack. Weil Romantik und Beziehungen für eine typische Waage so wichtig sind, stellen sie gleichzeitig eine harte Prüfung dar, denn ihre Erwartungen an ihre Partner:innen sind hoch. Zu lernen, ihre eigene Gesellschaft und ihre Unabhängigkeit zu genießen, ist die größte Herausforderung für die Waage-Menschen.

BESTE
CHARAKTEREIGENSCHAFT:
Fairness

ELEMENT:
Luft

PLANET:
Venus

ALLGEMEINE MERKMALE:
*gesellig, charmant,
unbekümmert*

KÖRPERTEIL:
Hüften

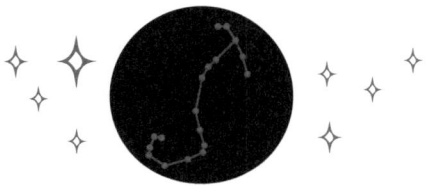

SCORPIO – SKORPION
(24. Oktober bis 22. November)

Skorpion-Menschen schöpfen aus einem tiefen Becken emotionaler und körperlicher Energie und müssen ein positives Ventil für ihre intensiven Gefühle finden. Normalerweise können Skorpione gut mit Geld umgehen und verschwenden ihre Ressourcen nicht für Firlefanz, aber sie können obsessive Sammler:innen sein. Bei der Arbeit treiben Skorpione sich selbst an und lieben Herausforderungen – je größer, desto besser. Skorpione, die vom intensiven Pluto beherrscht werden, sind oft anspruchsvolle und verschlossene, aber auch sehr zugewandte und romantische Partner:innen. Es kann aber ein wenig anstrengend sein, ständig ihrem prüfenden Blick standzuhalten. Bei Eifersucht neigen Skorpione dazu, ihren legendären Skorpion-»Stachel« zum Vorschein kommen zu lassen. Aber wenn du das Vertrauen eines Skorpions genießt, ist er als Partner:in oder Freund:in sehr einfühlsam und loyal. Am hilfreichsten ist es für Skorpione, ihre Abwehrhaltung aufzugeben und zu akzeptieren, dass auch sie verletzlich sind.

BESTE
CHARAKTEREIGENSCHAFT:
Willenskraft

ELEMENT:
Wasser

PLANET:
Pluto

ALLGEMEINE MERKMALE:
*intensiv, durchdringend,
einfallsreich*

KÖRPERTEIL:
Geschlechtsorgane

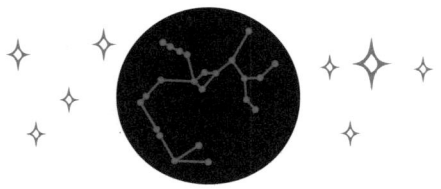

SAGITTARIUS – SCHÜTZE
(23. November bis 21. Dezember)

Schützen sind freiheitsliebende Geister, die sich an Herausforderungen und Abenteuern erfreuen. Sie werden vom optimistischen Jupiter beherrscht und haben eine ansteckend enthusiastische Einstellung zum Leben. Andererseits langweilen sie sich schnell, wenn von ihnen erwartet wird, Traditionen zu respektieren und sich an Regeln und Vorschriften zu halten. Diese herausragenden Persönlichkeiten wissen oft nicht, was Mäßigung bedeutet. Das wirkt sich manchmal negativ auf ihr Bankkonto aus, aber sie lassen sich durch solche kleinen Unannehmlichkeiten selten von ihren großen Plänen abbringen. Aufgrund ihrer Angst, unterdrückt oder eingeschränkt zu werden, brauchen typische Schützen aufgeschlossene, inspirierende Partner:innen, die ihre angeborene Unruhe verstehen und versuchen, die Beziehung frisch und aufregend zu halten. Schützen müssen lernen, dass das Gras auf der anderen Seite des Zauns nicht immer grüner ist.

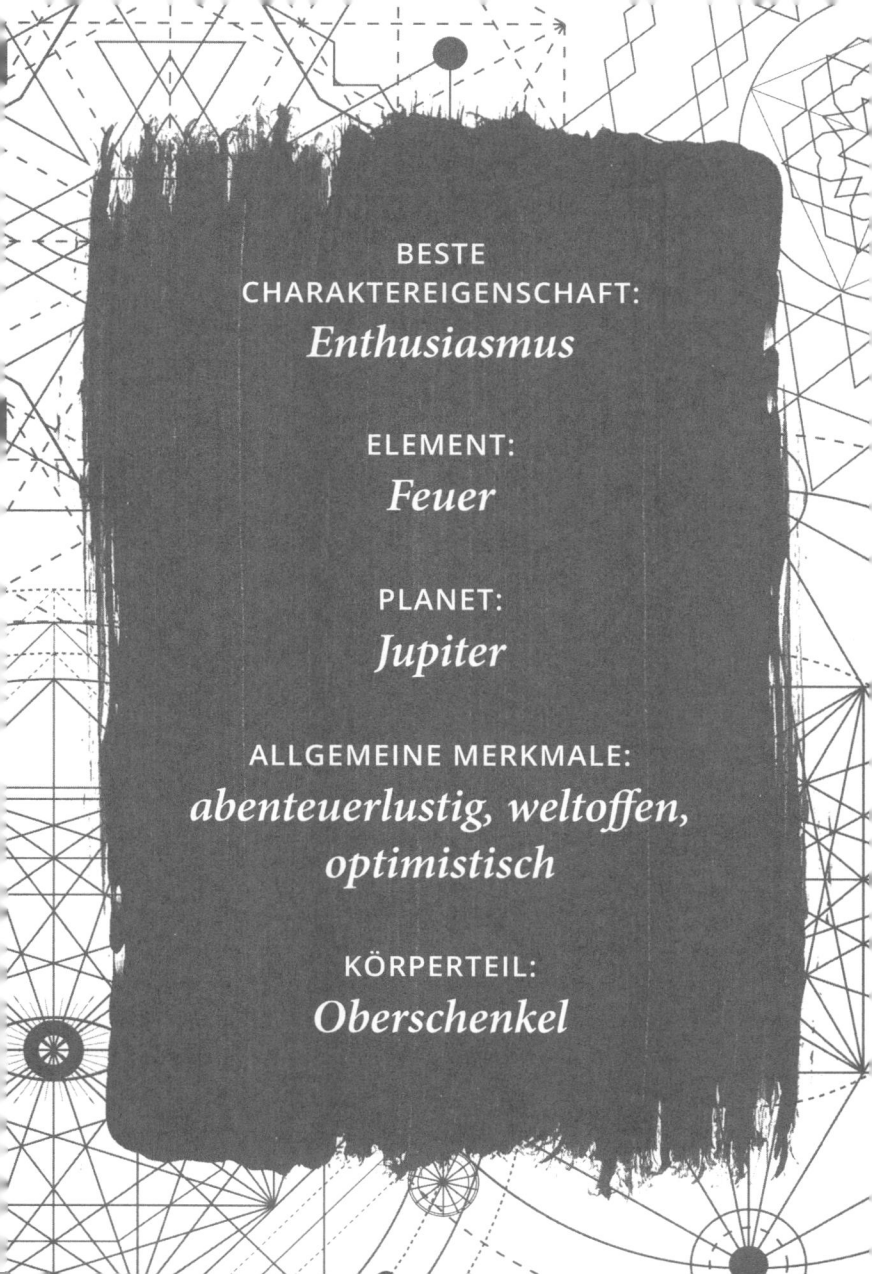

BESTE
CHARAKTEREIGENSCHAFT:
Enthusiasmus

ELEMENT:
Feuer

PLANET:
Jupiter

ALLGEMEINE MERKMALE:
*abenteuerlustig, weltoffen,
optimistisch*

KÖRPERTEIL:
Oberschenkel

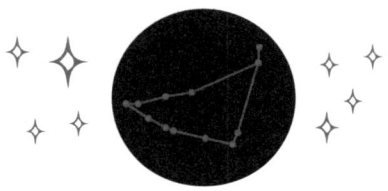

CAPRICORN – STEINBOCK
(22. Dezember bis 20. Januar)

Geduldig, entschlossen und immer realistisch – Steinböcke überstürzen nichts. Sie gehen kühl und logisch an jede Situation heran und arbeiten einen sorgfältigen Plan aus, um ihre Ziele zu erreichen. Sie sind wie Bergziegen, die langsam und geduldig dorthin gelangen, wo sie hinwollen. Steinböcke sind nicht auffällig, laut oder prahlerisch, aber sie sind Gewinnertypen. Sie werden vom fleißigen, ernsten Saturn regiert und haben ihre Emotionen normalerweise unter Kontrolle. Manchmal wirken sie deshalb etwas distanziert. Aber hinter dieser ruhigen Fassade verbergen sich loyale, hingebungsvolle Menschen, die für die richtige Person Berge versetzen. Wenn du sie kennenlernst, wirst du ihren manchmal schwarzen Humor schätzen lernen. Steinböcken tut es gut, daran zu denken, dass Glück und weltlicher Erfolg nicht immer dasselbe sind.

BESTE
CHARAKTEREIGENSCHAFT:
Entschlossenheit

ELEMENT:
Erde

PLANET:
Saturn

ALLGEMEINE MERKMALE:
*zurückhaltend, realistisch,
ehrgeizig*

KÖRPERTEIL:
Knie

AQUARIUS – WASSERMANN
(21. Januar bis 19. Februar)

Exzentrische, erfinderische Wassermann-Menschen können ein wenig »abgehoben« wirken oder ihrer Zeit voraus sein. Ihr Planet ist der rebellische Uranus und sie sind manchmal schrullig, unberechenbar oder einfach nur seltsam. Außerordentlich menschenbezogen und freundlich, fühlen sich Wassermann-Persönlichkeiten in vielen verschiedenen Menschengruppen zu Hause. Ihre unstillbare Neugier auf andere ist eine ihrer liebenswertesten Eigenschaften, aber es kann schwierig für sie sein, mit Menschen auf einer tieferen, emotionalen Ebene in Beziehung zu treten. Um in der Liebe glücklich zu sein, brauchen sie Partner:innen, die ihr Bedürfnis nach Unabhängigkeit zu schätzen wissen und ihnen Raum zum Wachsen geben. Obwohl sie sentimental und überraschend romantisch sein können, sollten Wassermann-Charaktere versuchen zu verstehen, dass ihre eigenen Gefühle und die anderer nicht immer rational erklärt werden können.

BESTE
CHARAKTEREIGENSCHAFT:
Einfallsreichtum

ELEMENT:
Luft

PLANET:
Uranus

ALLGEMEINE MERKMALE:
*exzentrisch, unabhängig,
originell*

KÖRPERTEIL:
Knöchel

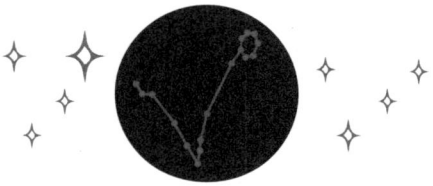

PISCES – FISCHE
(20. Februar bis 20. März)

Fische-Menschen sind sanft, mitfühlend und verständnisvoll. Ihr Symbol, zwei Fische, die in die entgegengesetzte Richtung schwimmen, erfasst viel von der Doppelnatur dieses Sternzeichens. Fische wissen zwar, was sie tun sollten, gehen dann aber oft doch den Weg des geringsten Widerstands. Der beherrschende Planet der Fische, der verwirrende, mystische Neptun, regt die Vorstellungskraft der Fische an und verleiht ihnen wunderbare künstlerische Fähigkeiten. Andererseits kann er auch ihr Bedürfnis verstärken, in Fantasiewelten zu fliehen. Fische sind romantische, poetische Partner:innen, die ihre innersten Gefühle gegenüber den Menschen, die sie lieben, besonders gut zum Ausdruck bringen können. Aber diese rosarote Brille sollte hin und wieder geputzt werden. Fische müssen lernen, dass sie, wenn sie schwierige Situationen ignorieren, später vielleicht mit noch größeren Verwirrungen rechnen müssen.

BESTE
CHARAKTEREIGENSCHAFT:
Einfühlungsvermögen

ELEMENT:
Wasser

PLANET:
Neptun

ALLGEMEINE MERKMALE:
*verträumt, übersinnlich,
sanftmütig*

KÖRPERTEIL:
Füße

TEIL 3

DEIN SONNENZEICHEN
IST NUR DER ANFANG

Dein persönliches Geburtshoroskop setzt sich aus verschiedenen Arten von planetarischer Energie zusammen. Um einen genaueren und aufschlussreichen Blick auf deine Persönlichkeit zu werfen, lohnt es sich, über dein Sonnenzeichen hinauszuschauen. Denn du hast auch einen Aszendenten, ein Mondzeichen, ein Merkurzeichen, ein Venuszeichen und so weiter. Alle diese Informationen werden von Astrolog:innen genutzt, um dein persönliches Geburtshoroskop zu erstellen. Um herauszufinden, wo genau die Planeten standen, als du geboren wurdest, musst du deinen Geburtstag in einer Ephemeride nachschlagen. Das ist ein Tabellenwerk, dem du entnehmen kannst, welche Planeten in welchem Zeichen standen und in welche Richtung sie sich bewegten, in welchem Zeichen und in welcher Phase sich der Mond befand und einiges mehr. Bevor es Computerprogramme gab, die dir bei der Erstellung deines Geburtshoroskops helfen können, wurden all diese Informationen mithilfe einer Ephemeride von Hand berechnet. Heute nehmen dir Websites diese Arbeit ab.

Aszendenten

WAS IST EIN ASZENDENT?

Dein Aszendent ist das Sternbild, das zum Zeitpunkt deiner Geburt am östlichen Horizont aufstieg. Es ist heute einfach, diese Information online herauszufinden (Empfehlungen findest du auf Seite 152), aber in der Vergangenheit haben Astrolog:innen sie von Hand berechnet. Jedes Tierkreiszeichen braucht etwa zwei Stunden, um über dem Horizont aufzugehen. Das sind alle zwölf Tierkreiszeichen in einem Zeitraum von 24 Stunden, also einem Tag. Dein Aszendent ist für ein genaues Geburtshoroskop unerlässlich. Deshalb drängen Astrolog:innen darauf, dass du ihnen eine möglichst genaue Geburtszeit angibst. Zwillinge, die im Abstand von fünf Minuten geboren werden, haben mit großer Wahrscheinlichkeit dasselbe Sonnenzeichen, aber oft verschiedene Aszendenten – und damit ganz unterschiedliche Persönlichkeiten.

WARUM IST DEIN
ASZENDENT WICHTIG?

Wenn dein Sonnenzeichen deine Kernpersönlichkeit ist, dann ist dein Aszendent dein Selbstbild oder die Persönlichkeit, die du der Welt präsentieren willst. Wenn du jemandem auf einer Party begegnest, triffst du normalerweise zuerst auf seinen oder ihren Aszendenten, denn das ist die Persönlichkeitsseite, die er oder sie am liebsten zeigt. Lernst du jemanden aber besser kennen, schälst du Schichten ab – angefangen bei der äußeren Hülle des Aszendenten über die »Kerneigenschaften« des Sonnenzeichens bis hin zum emotionalen Zentrum, dem Mondzeichen, und so weiter durch jede Planetenschicht. Dein Aszendent ist der Filter, durch den deine Persönlichkeit zum Ausdruck kommt: der erste Eindruck, den du auf andere machst, und die Maske, die du wählst. Die meisten Menschen identifizieren sich stärker mit ihrem Aszendenten als mit ihrem Sonnenzeichen. Er ist der Punkt in deinem Geburtshoroskop, an dem du der Welt begegnest.

Dein Aszendent-Charakter

ASZENDENT WIDDER

Die Standardhaltung von Widdern ist es zu handeln. Ihr Instinkt sagt ihnen, dass sie die Dinge direkt anpacken müssen, auch wenn sie noch nicht genau wissen, wie das funktionieren soll. Widder wollen die Ersten in der Warteschlange und unabhängig sein. Fühlen sie sich bedroht, stürmen sie sofort los und holen zum vernichtenden Gegenschlag aus. Erst zu handeln und später zu denken kann unangenehme Situationen bescheren, aber der Mut und die entwaffnende Offenheit der Widder führen normalerweise dazu, dass sie genau das bekommen, was sie sich vorgenommen haben.

ASZENDENT STIER

Menschen mit dem Aszendenten Stier haben eine ruhige, gelassene Art. Sie haben es nicht eilig, etwas zu tun. Wenn Probleme auftauchen, warten sie ab, denken darüber nach und lassen die Sache sacken – oft jahrelang! Stier-Menschen ist es wichtig, attraktiv auszusehen und ihre Umgebung so bequem wie möglich zu gestalten. Wenn du ein weiches Kissen und eine Tasse Tee mit Keksen angeboten bekommst, bist du wahrscheinlich im Haus von Stier-Aszendenten. Sie reagieren auf ihre Umgebung, indem sie es sich hübsch und gemütlich machen, und nehmen dann alle Informationen in dem ihnen eigenen entspannten Tempo auf. Stier-Menschen sind oft künstlerisch, musikalisch oder haben eine schöne Gesangsstimme.

ASZENDENT ZWILLINGE

Aszendent-Zwillinge-Typen reagieren auf neue Bekanntschaften oder Situationen, indem sie sie ansprechen. Wer? Was? Wann? Wo? Sie sind sehr anpassungsfähig und lernfähig und bewältigen oft alle Probleme, die das Leben ihnen stellt, indem sie Veränderungen anstoßen – einfach so. Dadurch bringen sie – durchaus mit viel Humor – neues Leben und neue Ideen in stagnierende Situationen. Menschen mit Zwillinge-Aszendent sind in der Regel gutmütig und freundlich, aber manchmal entgeht ihnen, was unter der Oberfläche vor sich geht, weil sie so sehr mit Reden beschäftigt sind. Aber aufgrund ihrer allumfassenden Neugierde sind sie hervorragend darin, andere zum Reden zu bringen, und können gut Verhandlungen führen.

ASZENDENT KREBS

Menschen mit Aszendent Krebs fühlen sich in neuen Umgebungen mit unbekannten Menschen nicht immer wohl. Sie neigen dazu, sich in ihr Schneckenhaus zu verkriechen. Ihr Problemlösungsinstinkt besteht darin, in jeder Situation die Fassung zu wahren und sich dann an einen sicheren Ort zu begeben, an dem sie überlegen können, was sie als Nächstes tun sollen. Aszendent-Krebs-Typen wollen nahestehende Menschen unbedingt beschützen. Wenn sie also das Gefühl haben, dass ihr Zuhause oder die Menschen, die sie lieben, bedroht sind, können sie sehr ungemütlich werden. Diese sensiblen Seelen kümmern sich gern um andere Menschen und geben engen Freunden und Freundinnen das Gefühl, zur Familie zu gehören.

ASZENDENT LÖWE

Eine Person mit Löwe-Aszendent erkennst du wahrscheinlich daran, dass sie von Menschen umringt ist, die an ihren Lippen hängen. Sie hat großartige Entertainment-Fähigkeiten, mit einem Hang zur Aufschneiderei, aber ihre Großzügigkeit und Herzlichkeit lässt ihr leicht überzogenes Ego verzeihen. In unbekannten Situationen und Konstellationen übernimmt sie instinktiv die Kontrolle. Sie hat ein ausgezeichnetes Organisationstalent, das manchmal etwas aufdringlich wirkt. Aber trotz ihrer Rechthaberei hassen Aszendent-Löwe-Menschen es, wenn man schlecht über sie denkt. Sie wollen bewundert und anerkannt sein und es allen recht machen. Die Herausforderung für sie ist es, selbst eine gute Meinung von sich zu haben und nicht nur Bestätigung von außen zu suchen.

ASZENDENT JUNGFRAU

Menschen mit dem Aszendenten Jungfrau sind gutherzig und möchten anderen von Nutzen sein. Sie wissen genau, was zu tun ist, damit es anderen besser geht, und sind geschickt darin, Chaos aufzulösen. Instinktiv organisieren sie sich in schwierigen Situationen, analysieren die Lage und sorgen dafür, dass alles wieder besser funktioniert. Mit ihrer Freundlichkeit und ihrem Verständnis helfen Aszendent-Jungfrau-Menschen anderen bei der Heilung, und hätten doch oft selbst eine ihrer mitfühlenden Analysen nötig, um ihre eigenen Probleme zu lösen.

ASZENDENT WAAGE

Menschen mit Aszendent Waage treten charmant, gut erzogen und mitteilsam auf. Die diplomatischen Charaktere sind von Natur aus gesellig und wollen, dass sich die Menschen in ihrer Gesellschaft wohlfühlen. Die Höhen und Tiefen des Lebens meistern Menschen mit Aszendent Waage, indem sie herauszufinden versuchen, was die fairste Vorgehensweise wäre – auch wenn sie dadurch manchmal furchtbar lange brauchen, um sich eine Meinung zu bilden. Sie mögen keine Hässlichkeit und verbringen einen Großteil ihrer Zeit damit, ihre Umgebung und ihr eigenes Aussehen so angenehm wie möglich zu gestalten. Menschen mit Waage-Aszendent können etwas passiv sein und sich zu sehr an die Vorstellungen der anderen anpassen, anstatt darauf zu vertrauen, wie sie eigentlich sind.

ASZENDENT SKORPION

Bei Menschen mit Aszendent Skorpion strömen Leidenschaft und Intensität aus jeder Pore. Sie sind willensstark und gehen mit den Herausforderungen des Lebens um, indem sie der Wahrheit auf den Grund gehen. Charaktere mit Skorpion-Aszendent sind scharfsinnig, unerschrocken und haben keine Angst vor starken Emotionen – sie werden von ihnen angetrieben. Diese Menschen tun alles, um ihre wahren Gefühle zu verbergen, weil sie befürchten, dass das Aufdecken sie schwach und manipulierbar machen könnte. Aber wenn sie sich gezeigt haben, sind sie loyal, beschützen die Menschen, die sie lieben, und beweisen großen emotionalen Mut. Aszendent-Skorpion-Typen verbringen manchmal zu viel Zeit mit Nabelschau und übersehen, dass die Wahrheit direkt vor ihren Füßen liegt.

ASZENDENT SCHÜTZE

Aszendent-Schütze-Typen sind ungestüm und überschwänglich. Sie betrachten die Herausforderungen des Lebens als Spiel, und ihre fröhliche Einstellung führt dazu, dass sie in der Regel als Sieger:in hervorgehen. Sie lieben den Wettbewerb und den Sport und brauchen häufig Tapetenwechsel. Sie können sehr rastlos werden, wenn das Leben zu vorhersehbar wird oder wenn sie zu viele Verpflichtungen haben. Schütze-Aszendenten brauchen oft nicht den gleichen Komfort wie andere Menschen und können genauso gut in einer Hängematte schlafen wie in einem bequemen Bett. Sie verbreiten echten Optimismus und vermögen andere zu inspirieren, ihre Träume zu verwirklichen. Zu Taktlosigkeit neigend, müssen sie manchmal lernen, eine subtilere Haltung gegenüber Menschen zu entwickeln, die sensibler veranlagt sind.

ASZENDENT STEINBOCK

Persönlichkeiten mit Aszendent Steinbock haben eine gewisse Schüchternheit, die im Widerspruch zu ihrer Fähigkeit steht, erfolgreich zu sein. Diese Menschen haben eine praktische Einstellung und ihre äußerst vernünftigen Ratschläge sind meist weiser, als ihr Alter vermuten ließe. Sie posaunen ihre Meinung nicht als Erste heraus, haben aber, wenn sie zum Reden ermutigt werden, oft einen brillanten Plan – auch wenn der für den Geschmack vieler Menschen etwas zu pragmatisch ist. Typen wie sie möchten niemandem falsche Hoffnungen machen – aber vielleicht könnten sie daran arbeiten, sich selbst mit ein bisschen mehr Pep zu verkaufen.

ASZENDENT WASSERMANN

Typische Menschen mit Wassermann-Aszendenten denken oder handeln anders als die meisten anderen Personen. Bei Herausforderungen suchen sie nach einzigartigen Lösungen oder nehmen eine völlig unabhängige Sichtweise ein. Da sie von Natur aus unkonventionell sind, rebellieren sie oft gegen gesellschaftliche Normen oder unterstützen diejenigen, die sich gegen soziale oder politische Ungerechtigkeit engagieren. Menschen mit dem Aszendenten Wassermann stehen oft an der Spitze des gesellschaftlichen Wandels. Der Wunsch, anders als die Masse zu denken, kann aber manchmal dazu führen, dass es zur Entfremdung zwischen der Wassermann-Persönlichkeit und ihrer Umgebung kommt. Diese einzigartigen Charaktere würden manchmal gut daran tun, zu bedenken, dass Gemeinsamkeiten verbinden.

ASZENDENT FISCHE

Persönlichkeiten mit dem Aszendent Fische haben eine sanfte, wenn auch etwas unbestimmte Wesensart. Sie regen sich selten auf und stehen nicht gern im Rampenlicht. Ihre Stimmungen ändern sich so schnell wie die Wolken, die über die Sonne ziehen, und ihre Reaktion auf Veränderungen oder die Herausforderungen des Lebens besteht meist darin, sich zu verstecken, bis die beunruhigende Situation vorüber ist. Oder sie nutzen ihre übersinnlichen Fähigkeiten, um sich intuitiv auf die Geschehnisse einzustimmen. Es fällt ihnen schwer, ihre Energie auf eine Sache zu konzentrieren, und sie haben typischerweise viele halbfertige Projekte, die sie wieder aufgreifen, wenn sie Lust dazu haben. Menschen mit dem Aszendenten Fische würden von einem gelegentlichen Realitätscheck profitieren – nur um sicherzugehen, dass sie in die richtige Richtung schwimmen.

TEIL 4

MONDZEICHEN

Dein Mondzeichen bezieht sich auf das astrologische Zeichen, durch das der Mond zu dem Zeitpunkt gezogen ist, an dem du geboren wurdest. Der Mond braucht zweieinhalb Tage, um jedes Tierkreiszeichen zu durchqueren – etwa einen Monat für einen kompletten Zyklus. Die wechselhafte, reflektierende Natur des Mondes spiegelt unsere eigenen instinktiven und emotionalen Reaktionen in seinen verschiedenen Phasen und Zuständen wider. Dein Mondzeichen zu kennen, ist äußerst wichtig, denn es ist der Schlüssel zu deiner emotionalen Natur. Du kannst dein Mondzeichen herausfinden, indem du dein Geburtsdatum in einer Planetenephemeride nachschlägst oder es online eingibst (siehe Empfehlungen auf den Seiten 152 und 153).

Dein Mondzeichen-Charakter

MOND IM WIDDER

Als erstes Zeichen des Tierkreises können Menschen mit dem Mondzeichen Widder ein wenig egozentrisch sein und sich zuerst auf ihre eigenen Bedürfnisse konzentrieren, bevor sie sich Gedanken darüber machen, wie es anderen geht. Menschen mit Widder-Mond sind impulsiv und empfinden schnell Liebe oder Wut. Ihre emotionalen Reaktionen sind blitzschnell, leidenschaftlich und entschlossen. Und weil sie so schnell und stark fühlen, haben sie oft nicht die Zeit, die Konsequenzen ihres Handelns zu durchdenken. Widder-Mond-Persönlichkeiten sind ehrlich und geradeheraus – und dabei manchmal etwas zu direkt und damit verletzend. Aber wenn Widder-Mond-Menschen sich für jemanden oder etwas leidenschaftlich einsetzen, geben sie alles. Sich bei ihren ersten Impulsen zurückzuhalten bleibt ein lebenslanger Lernprozess.

- -

Herausforderung: Menschen mit Widder-Mond sollten versuchen zu lernen, ihre Kampf- oder Fluchtreaktionen zu zügeln und ein Gefühl erst einmal ruhen zu lassen, bevor sie handeln.

MOND IM STIER

Menschen mit dem Mond im Stier müssen sich sicher fühlen. Sie sind in der Regel ruhige, gelassene Persönlichkeiten, deren unmittelbare Reaktionen eher langsam sind. Aber wenn sie sich einmal eine Meinung über etwas oder jemanden gebildet haben, ist es fast unmöglich, sie davon abzubringen. Diese geduldigen Menschen stürzen sich nicht Hals über Kopf in etwas hinein. Sie sind umsichtige Planer:innen, die die Gefühle anderer Menschen ernst nehmen. In Liebesangelegenheiten folgen sie eher konventionellen Wegen. Stier-Mond-Persönlichkeiten sind normalerweise sehr ausgeglichen, aber ein langsamer Aufbau von Groll über Monate oder sogar Jahre hinweg kann zu einem explosiven, zerstörerischen Gefühlsausbruch führen.

Herausforderung: Stier-Mond-Persönlichkeiten sollten lernen, in Gefühlsangelegenheiten ihren ersten Instinkten zu vertrauen und wieder mit ihrer kindlichen Spontaneität in Kontakt zu kommen.

MOND IN DEN ZWILLINGEN

Persönlichkeiten mit dem Mond im Tierkreiszeichen der Zwillinge zeigen schnelle, witzige Reaktionen und einen unbeschwerten Umgang mit den eigenen Gefühlen. Sie neigen dazu, sich auf eigene Erfahrungen zu stützen, statt sich einzufühlen, wenn es darum geht, andere auf einer emotionalen Ebene zu verstehen. Das wirkt manchmal oberflächlich. Ein Zwillings-Mond-Mensch hat normalerweise eine eher intellektuelle Herangehensweise, wenn es um die Gefühle von nahestehenden Menschen geht, und lässt sich nicht gern auf zu Tiefes oder Schweres ein.

Herausforderung: Die Personen, zu denen sich ein Zwillings-Mond-Mensch körperlich hingezogen fühlt, sind vielleicht nicht die, mit denen er emotional am besten kompatibel ist.

MOND IM KREBS

Menschen mit einem Krebs-Mond können im Allgemeinen sehr gut mit ihren Gefühlen umgehen. Die Reaktionen von Charakteren mit Mond im Krebs sind defensiv, beschützend und zutiefst instinktiv. Krebs-Mond-Persönlichkeiten haben eine legendäre Intuition. Sie fühlen sich für das emotionale Wohlergehen anderer verantwortlich und spüren ein starkes Bedürfnis, sich um die Menschen zu kümmern, die ihnen nahestehen. Ein angenehmes Leben zu Hause und enge familiäre Bindungen haben für diese intuitiven, fürsorglichen Menschen oberste Priorität. Krebs-Mond-Typen sind hartnäckig. Wenn sie wissen, was oder wen sie wollen, können sie sich völlig auf dieses eine Ziel fixieren und Schwierigkeiten haben, es wieder loszulassen.

Herausforderung: Krebs-Mond-Menschen müssen lernen, dass sich ihre emotionalen Bedürfnisse ändern. Was sie heute wollen, muss nicht dasselbe sein wie vor zehn Jahren.

MOND IM LÖWEN

Die unmittelbare emotionale Reaktion von Löwen ist es, die Kontrolle zu übernehmen – oft auf eine ziemlich melodramatische Weise. Sie stehen gern im Mittelpunkt und sind bekannt dafür, emotionale Dramen zu inszenieren. Löwe-Mond-Typen haben eine Menge Liebe zu geben, aber wenn sie diese Zuneigung nicht erwidert bekommen, rollen sie sich zusammen wie ein trockenes Blatt. Wenn sie aber spüren, dass ihre Liebe erwidert wird, leuchten diese großherzigen Seelen wie ein Weihnachtsbaum und verbreiten Wärme und gute Laune bis in die dunkelsten Ecken.

- -

Herausforderung: Löwe-Mond-Menschen müssen, da sie gern Ratschläge erteilen, auch lernen, damit klarzukommen, ihrerseits Ratschläge zu bekommen und anzunehmen.

MOND IN DER JUNGFRAU

Menschen, die im Mondzeichen Jungfrau geboren wurden, sind emotional eher zaghaft und hoffen, dass sie ihre Gefühle auf eine logische, geordnete Weise verarbeiten können. Sie fühlen sich gern geschätzt und gebraucht und zeigen ihre Zuneigung zu geliebten Menschen, indem sie ihnen auf vielerlei Art helfen. Wenn es darum geht, sich auf intime Weise auszudrücken, können sie etwas steif wirken. Und wenn sie gestresst oder unglücklich sind, neigen sie dazu, skeptisch und übermäßig kritisch zu reagieren. Mögen sie jemanden wirklich, sind sie anfangs meist zu schüchtern, ihre Gefühle zu zeigen.

Aber sobald sie sich sicherer fühlen, öffnen sie sich und zeigen ihre romantische, poetische Seite.

Herausforderung: Menschen mit dem Mond in der Jungfrau müssen lernen, schwierige Gefühle – eigene ebenso wie die anderer – nicht immer in Ordnung bringen zu wollen, sondern zu akzeptieren.

MOND IN DER WAAGE

Menschen mit dem Mondzeichen Waage brauchen andere um sich herum, die ihnen helfen, die Welt zu verstehen. Ihre emotionalen Reaktionen hängen stark davon ab, was nahestehende Menschen denken und fühlen, und sie übernehmen oft die Meinungen anderer. Waage-Mond-Menschen hassen Konfrontationen und reagieren sehr empfindlich auf Unstimmigkeiten oder Unruhe – das macht sie zu hervorragenden Vermittlern. Die Harmonie muss um jeden Preis wiederhergestellt werden, aber manchmal beinhaltet dieser Preis ein bisschen zu viel Selbstaufopferung oder den Glauben, dass die Gefühle anderer wichtiger sind als die eigenen.

Herausforderung: Waage-Mond-Menschen müssen lernen, dass Alleinsein nicht beängstigend sein muss.

MOND IM SKORPION

Menschen mit dem Mond im Skorpion haben ein Gefühlsleben, das sich sehr von der Seite ihrer Persönlichkeit unterscheiden kann, die sie der Welt zeigen wollen: Ihre sehr tiefen, starken Gefühle verbergen sie normalerweise so gut es geht vor anderen. Sie haben Angst davor, sich zu entblößen und auf irgendeine Weise ausgenutzt zu werden, Vertrauen fällt ihnen nicht leicht. Aber wenn sie sich sicher und geliebt fühlen, werden Skorpion-Mond-Typen alles in ihrer Macht Stehende tun, um die Loyalität und Liebe zurückzugeben, die ihnen entgegengebracht wird.

Herausforderung: Skorpion-Mond-Menschen heilen, indem sie ihren Schmerz der Welt preisgeben, anstatt ihn immer zu verstecken oder zu verschleiern.

MOND IM SCHÜTZEN

Typische Menschen mit dem Mondzeichen Schütze reagieren offen, ehrlich und enthusiastisch. Sie neigen dazu, sich nicht zu lange mit ihren Gefühlen aufzuhalten, weil sie glauben, dass Taten viel deutlicher sprechen als Gefühle oder Worte. Als freiheitsliebendes Feuerzeichen fühlen sich diese Menschen nicht gern eingeengt, vor allem wenn sie jünger sind. Aber sie sind warmherzig, philosophisch und sehr großzügig, wenn sie sich geschätzt fühlen. Schütze-Mond-Menschen sind nicht sentimental, sollten aber versuchen, nicht taktlos zu sein, wenn es um die Gefühle anderer geht.

Herausforderung: Schütze-Mond-Typen müssen lernen, mit schwierigen Situationen umzugehen, statt davor wegzulaufen. Denn ein und dieselbe Schwierigkeit wird immer wieder auftauchen, bis sie in Angriff genommen wurde.

MOND IM STEINBOCK

Steinbock-Mond-Menschen können emotional sehr kühl und reserviert wirken. Ihre ersten emotionalen Reaktionen fallen oft eher negativ aus, aber sie haben einen starken Drang, produktiv und praktisch zu sein. Typen mit dem Mondzeichen Steinbock sind nicht gerade risikofreudig und wägen die Vor- und Nachteile gründlich ab, bevor sie sich an eine bestimmte Person binden, aber wenn sie es tun, dann meist im vollen Vertrauen darauf, dass die Partnerschaft ein Erfolg wird. Sie nehmen ihre Pflichten sehr ernst und spielen nicht leichtfertig mit den Gefühlen anderer.

- -

Herausforderung: Menschen mit dem Mond im Steinbock sind oft hart zu sich selbst und befürchten, dass andere ihre Unzulänglichkeiten entdecken. Öffnen sie sich jedoch, können sie durch liebevolle Annahme geheilt werden.

MOND IM WASSERMANN

Menschen mit dem Mond im Wassermann sind faszinierende, charismatische Persönlichkeiten, die dazu neigen, ihre Gefühle zu intellektualisieren, anstatt sich ihnen hinzugeben. Sie urteilen selten über andere und akzeptieren oder bevorzugen unkonventionelle Beziehungen. Wärme und Leidenschaft in persönlichen Beziehungen fehlen manchmal, aber es gibt den tief empfundenen Wunsch, die Welt zu einem besseren Ort für alle zu machen.

Herausforderung: Menschen mit dem Mondzeichen Wassermann sind zu wunderbaren Freundschaften fähig, aber erst durch eine sehr innige Beziehung lernen sie, gute Liebespartner:innen zu sein.

MOND IN DEN FISCHEN

Als sensible Seelen reagieren Personen mit dem Mondzeichen Fische auf die Herausforderungen und Überraschungen des Lebens, indem sie sich auf die Gefühle und Emotionen anderer Menschen einstellen. Sie sind so empathisch, dass es manchmal schwierig für sie ist, ihre eigenen Gefühle von denen der Menschen um sie herum zu unterscheiden. Es ist sehr wichtig, dass nahestehende Menschen ihr Bestes im Sinn haben, sonst können sie negative Energien aufnehmen oder in zwei Richtungen gezogen werden. Unglückliche Fische-Mond-Menschen flüchten sich gern in schädliche Gewohnheiten, während das beste Ventil für ihre Gefühle darin besteht, kreativ zu sein und sie durch Musik, Kunst, Poesie oder Schreiben auszudrücken.

Herausforderung: Menschen mit dem Mond in den Fischen verlieren sich manchmal in den Gefühlen anderer und müssen lernen, sich abzugrenzen, damit sie sich auf ihre eigenen emotionalen Bedürfnisse konzentrieren können.

Wir werden in einem bestimmten Augenblick an einem bestimmten Ort geboren und haben, wie ein guter Wein, die Qualitäten des Jahres und der Jahreszeit unserer Geburt.

Carl Jung

TEIL 5

DIE PLANETEN

Wir haben uns damit beschäftigt, wie wichtig die Sonne für die Beschreibung der Kernpersönlichkeit ist und wie das Mondzeichen die Emotionen färbt. Wenn wir dies mit den Eigenschaften des Aszendenten kombinieren, können wir uns ein Bild von der gesamten Persönlichkeit machen. Aber natürlich sind die Menschen komplex und einzigartig – und so ist auch ihre Astrologie. Der nächste Schritt besteht darin, einen Blick auf die einzelnen Planeten und ihre Bedeutungen zu werfen und diese dann zu einem noch umfassenderen Bild des Horoskops einer Person zusammenzuführen. Jeder Planet beeinflusst mit seiner Bedeutung einen anderen Teil deiner Persönlichkeit, je nachdem, in welchem Tierkreiszeichen er sich befand, ob er »rückläufig« war (das heißt, dass er rückwärts über den Himmel zu laufen schien, als du geboren wurdest) und in welchem Winkel er zu den anderen Planeten in deinem Geburtshoroskop stand. Diese Beziehungen werden als »Aspekte« bezeichnet. Die Position und das Zeichen, in dem ein Planet bei deiner Geburt stand, kannst du in einer Planetenephemeride nachschlagen oder online auf einer der empfohlenen Webseiten (siehe Seite 152) finden.

Planetarische Verknüpfungen

Die Astrologie lehrt, dass alles miteinander verknüpft ist. Jeder Planet (und in der Astrologie gelten auch Mond und Sonne als Planeten) ist nicht nur mit verschiedenen Lebensbereichen verbunden, sondern auch mit einer ganzen Reihe anderer Dinge – Tiere, Pflanzen, Wochentage, Zahlen und sogar Haushaltsgegenstände. Im Folgenden sind ein paar der bekanntesten Verknüpfungen aufgeführt.

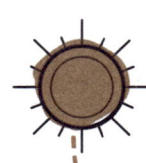

Sonne

Element: Feuer
Farbe: golden
Kräuter/Pflanzen: Nelke, Weihrauch, Wacholder
Steine: Citrin, Karneol, Tigerauge
Baum: Palme

Mond

Element: Wasser
Farbe: silbern
Kräuter/Pflanzen: Lotus, Jasmin, Kamille
Steine: Mondstein, Amethyst, Aquamarin
Baum: Weide

Merkur

Element: Luft
Farbe: orange
Kräuter/Pflanzen: Lavendel, Dill, Pfefferminze, Zitronengras
Steine: Fluorit, Aventurin, Onyx
Baum: Esche

Venus

Element: Erde
Farbe: rosa
Kräuter/Pflanzen: Rose, Sandelholz, Schafgarbe, Safranmalve, Vanille, Erdbeere, Flieder
Steine: Smaragd, Rosenquarz, Bernstein, Jade
Baum: Apfelbaum

Mars

Element: Feuer
Farbe: rot
Kräuter/Pflanzen: Kiefer, Beifuß, Zypresse,
  Ingwer
Steine: Granat, Blutstein, roter Jaspis
Baum: Erle

Jupiter

Element: Feuer
Farbe: grün
Kräuter/Pflanzen: Minze, Salbei, Muskatnuss,
  Linde, Eiche, Sandelholz
Steine: Türkis, Sodalith, Lapislazuli
Baum: Zeder

Saturn

Element: Erde
Farbe: grau
Kräuter/Pflanzen: Patchouli, Beinwell,
  Zaubernuss, Alraune
Steine: Onyx, Magnetit, Gagat, Hämatit
Baum: Schwarzdorn

Uranus

Element: Luft
Farbe: metallisch
Kräuter/Pflanzen: Zaunrübe, Silberwurz,
   Götterbaum
Steine: Aventurin, Diamant, Quarz
Baum: Eberesche

Neptun

Element: Wasser
Farbe: hellblau, lavendelfarben
Kräuter/Pflanzen: Prunkwinde, nachtblühender
   Jasmin, Seerose
Steine: Koralle, Aquamarin, Platin, Amethyst
Baum: Esche

Pluto

Element: Wasser
Farbe: dunkelrot und grün
Kräuter/Pflanzen: Brennnessel, Tollkirsche,
   Bittersüßer Nachtschatten
Steine: Granat, Obsidian, Kunzit
Baum: Zypresse

Die Planeten und ihre Bedeutungen

DIE UMLAUFBAHNEN VON MERKUR UND VENUS

Merkur und Venus haben beide Bahnen, die näher an der Sonne als an der Erde liegen. Deshalb befinden sich ihre Positionen im Tierkreis immer in Zeichen nahe der Sonne. Wenn du zum Beispiel die Sonne im Krebs hast, kann deine Venus nur in zwei Zeichen davor oder danach stehen. Und wenn dein Merkurzeichen Krebs ist, ist er noch näher an der Sonne – dein Merkurzeichen kann nur in einem Zeichen vor (Zwillinge) oder nach (Löwe) oder in dem Zeichen (Krebs) stehen, wo die Sonne steht.

MERKUR – DER KOMMUNIKATIONSPLANET

Der Götterbote Hermes aus der griechischen Mythologie wurde später von den Römern Merkur genannt. In der Astrologie ist Merkur der Planet der Kommunikation und des alltäglichen Ausdrucks. Im Geburtshoroskop steht Merkur für den Geist – wie wir denken und wie wir sprechen. Er regelt unser Gedächtnis und unsere Denkprozesse und beschreibt uns als methodische Denker oder kreative Genies. Merkurs Aspekte und Winkel zu anderen Planeten geben darüber Aufschluss, ob wir positive oder negative, oberflächliche oder tiefgründige Denker sind. Die Stellung von Merkur in deinem Geburtshoroskop zeigt an, ob du deine Ideen gern mit anderen austauschst oder lieber allein arbeitest.

Planetarischer Herrscher von: Jungfrau und Zwillinge
Merkur-Schlüsselwörter: Denken, Sprache, Interaktion, Gedächtnis, Ausdruck, Geschicklichkeit, Handel

RÜCKLÄUFIGER MERKUR

Der Planet Merkur hat Einfluss auf alle Arten von Kommunikation, Reisen und Verhandlungen. Drei- oder viermal im Jahr scheint er anzuhalten (stationäre Phase) und sich dann rückwärts (rückläufig) durch den Himmel zu bewegen. Das ist eigentlich eine optische Täuschung, die dadurch entsteht, dass Merkur die Erde auf seiner Umlaufbahn passiert. Dann können Lebensbereiche, die von diesem Planeten regiert werden, scheinbar aus dem Ruder laufen. Telefone funktionieren nicht, E-Mails gehen an die falsche Person, Gespräche sind missverständlich, Reisepläne werden kompliziert und Verspätungen wahrscheinlicher. Astrologisch gesehen ist es nicht der günstigste Zeitpunkt, um große Einkäufe zu tätigen oder eine Konferenz abzuhalten. Und denk an das Sichern deiner Computerdaten!

DAS BESTE AUS DEM
RÜCKLÄUFIGEN MERKUR MACHEN

Da es traditionell nicht die beste Zeit ist, um mit anderen Menschen zu kommunizieren oder zu reisen, bieten die rückläufigen Merkurwochen eine Auszeit zur Selbstreflexion. Dies sind die besten Zeitpunkte im Jahr, um mehr über sich selbst zu erfahren. Informationen von außen könnten irreführend sein. Der rückläufige Merkur lehrt uns, dass nur das, was wir wollen oder fühlen, am Ende wirklich zählt. Er gibt uns die Gelegenheit, uns zu vergewissern, dass wir klar mit uns selbst kommunizieren – und hilft uns dabei, unsere Hoffnungen und Wünsche auf effektive Weise in die Außenwelt zu projizieren.

DU KANNST HERAUSFINDEN, WANN MERKUR
RÜCKLÄUFIG IST, INDEM DU EINE DER AUF SEITE 152
EMPFOHLENEN WEBSEITEN BESUCHST ODER DIE DATEN
IN EINER PLANETENEPHEMERIDE NACHSCHLÄGST.

MERKUR IM GEBURTSHOROSKOP

Merkur in Feuerzeichen (Widder, Löwe, Schütze):

Menschen mit Merkur in einem Feuerzeichen sind ideenreich und inspiriert. Sie denken schnell, treffen rasche Entscheidungen und lassen ihren Gedanken unmittelbar Taten folgen.

Merkur in Erdzeichen (Stier, Jungfrau, Steinbock):

Typen mit Merkur in einem Erdzeichen sind bedächtige, vorsichtige Denker, die gern planen und ihre Gedanken ordnen. Sie sind die Listenersteller des Tierkreises.

Merkur in Luftzeichen (Zwillinge, Waage, Wassermann):

Charaktere mit Merkur in einem Luftzeichen sind intellektuell, neugierig und schlagfertig. Sie lernen schnell, können gut mit Sprache umgehen und ändern ihre Meinung so schnell, wie sie sie gebildet haben.

Merkur in Wasserzeichen (Krebs, Skorpion, Fische):

Menschen mit Merkur in einem Wasserzeichen sind intuitiv, einfühlsam und fließend. Sie haben ein gutes Gedächtnis und können erkennen, was hinter dem Gesagten wirklich gemeint ist.

VENUS – DER BEZIEHUNGSPLANET

Venus steht für das, was wir im Leben schätzen – und was wir am liebsten tun. Der Planet der Liebe und Harmonie beschreibt unsere Beziehungen zu anderen Menschen: Wie, was und wen wir lieben. Venus beeinflusst auch, wie wir unser Geld ausgeben oder sparen, ob wir es festhalten oder großzügig verschenken. Durch Venus erfahren wir, was uns Freude bereitet, welche Fähigkeiten und Talente wir haben und was uns glücklich macht. Die Position der Venus in unserem Horoskop zeigt auch, zu wem oder was wir uns hingezogen fühlen, unsere Sexualität und die Art, wie wir unsere Liebe zu anderen Menschen ausdrücken.

Planetarischer Herrscher von: Stier und Waage
Venus-Schlüsselwörter: Beziehung, Geld, Genuss, Liebe, Romantik, Kunst, Harmonie, Charme, Hingabe

VENUS IM GEBURTSHOROSKOP

Venus in Feuerzeichen (Widder, Löwe, Schütze):

Menschen mit Venus in einem Feuerzeichen lieben mit Leidenschaft und Enthusiasmus. Sie verlieben sich heftig, ziehen aber schnell weiter, wenn der erste Lack ab ist.

Venus in Erdzeichen (Stier, Jungfrau, Steinbock):

Typen mit Venus in einem Erdzeichen sind vorsichtig und rücksichtsvoll gegenüber ihren Partner:innen. Sie sind loyal und wollen mit den Menschen, die ihnen wichtig sind, eine stabile, sichere und dauerhafte Beziehung aufbauen.

Venus in Luftzeichen (Zwillinge, Waage, Wassermann):

Menschen mit Venus in einem Luftzeichen haben einen ausgefeilten Geschmack. Es ist wichtig, dass sie Partner:innen finden, die sie geistig und körperlich stimulieren.

Venus in Wasserzeichen (Krebs, Skorpion, Fische):

Persönlichkeiten mit Venus in einem Wasserzeichen lieben sehr intensiv. Sie sehnen sich nach einer tiefen Verbindung auf emotionaler Ebene und die Suche nach ihrer wahren Liebe kann zu einem alles verzehrenden Verlangen werden.

MARS – PLANET DER TAT

Mars beschreibt, wie wir das, was wir uns wünschen, erreichen wollen. Seine Position im Geburtshoroskop zeigt, welche Art von Antrieb, Begeisterung und Energie uns zur Verfügung steht und wie wir unsere Willenskraft einsetzen, zum Beispiel, um Dinge zu ändern, mit denen wir nicht zufrieden sind. Er steht für unsere Bereitschaft zu konkurrieren und dafür, wie wir mit Erfolgen oder Niederlagen umgehen. Seine Position und sein Zeichen drücken aus, wofür wir kämpfen müssen und wie wir für uns selbst und unsere Unabhängigkeit eintreten.

Planetarischer Herrscher von: Widder
Mars-Schlüsselwörter: Aktion, Durchsetzung,
Egoismus, Antrieb, Energie, Wunsch,
Richtung, Aggression, Unabhängigkeit

MARS IM GEBURTSHOROSKOP

Mars in Feuerzeichen (Widder, Löwe, Schütze):

Mars ist am glücklichsten in den Feuerzeichen, wo er sich natürlich energiegeladen und kraftvoll fühlt. Menschen mit Mars in einem der Feuerzeichen haben natürliche Reserven an Willenskraft, Energie und Enthusiasmus, die ihnen helfen, ihre Ziele zu erreichen und der Welt ihren Stempel aufzudrücken.

Mars in Erdzeichen (Stier, Jungfrau, Steinbock):

Mars in Erdzeichen setzt sich auf physische, materielle Weise durch, indem er sich und andere organisiert, um etwas Solides und Wertvolles zu schaffen.

Mars in Luftzeichen (Zwillinge, Waage, Wassermann):

Wenn Mars in einem Luftzeichen steht, zeigt sich das Durchsetzungsvermögen der Person in einer intellektuellen, idealistischen Weise, aber mit enormer »Langstrecken«-Energie.

Mars in Wasserzeichen (Krebs, Skorpion, Fische):

Mars in Wasserzeichen verleiht der Persönlichkeit eine große emotionale Energie und Einsicht. Es handelt sich in der Regel um beschützende, in Gefühlsdingen weise Seelen, die sich mit einer subtilen Kraft durchsetzen.

JUPITER – DER CHANCENPLANET

Jupiter verkörpert einen glücklichen, freudigen und expansiven Planeten, der unseren Glauben und unser Vertrauen in uns selbst und die Welt um uns herum beschreibt. Mit Jupiter manifestieren wir Glück und Chancen in unserem Leben. Seine Position im Geburtshoroskop zeigt die Fähigkeiten und Talente, die wir von Natur aus haben und die wir ausbauen können: zum Beispiel unsere Lernfähigkeit oder wie wir nach neuen Möglichkeiten suchen. Jupiter steht für unsere Einstellung zur Freiheit und zeigt uns, wo wir am ehesten glückliche Erfahrungen machen oder einen Schutzengel haben, der uns unbemerkt hilft.

Planetarischer Herrscher von: Schütze
Jupiter-Schlüsselwörter: Expansion, Reisen, Philosophie, Wachstum, Glaube, Chance, Exzess, Optimismus, Freiheit, Glück, Überfluss

JUPITER IM GEBURTSHOROSKOP

Jupiter in Feuerzeichen (Widder, Löwe, Schütze):

Chancen für Menschen mit Jupiter in einem Feuerzeichen ergeben sich, wenn sie die Initiative ergreifen. Sie machen ihr Glück, wenn sie das tun, woran sie glauben.

Jupiter in Erdzeichen (Stier, Jungfrau, Steinbock):

Erd-Jupiter-Menschen haben eine philosophische Einstellung zu Geld und Besitz, die sie mit dem Reichtum des Universums verbindet.

Jupiter in Luftzeichen (Zwillinge, Waage, Wassermann):

Die Quelle des größten Wachstums und der größten Chancen für Luft-Jupiter-Menschen liegt in ihrer Fähigkeit, den Dingen einen Sinn zu geben. Sie manifestieren ihr Glück durch Umsetzung von Gedanken.

Jupiter in Wasserzeichen (Krebs, Skorpion, Fische):

Jupiter in einem der Wasserzeichen gibt diesen Menschen Vertrauen in die Kraft ihrer eigenen Gefühle. Wenn sie ihren Instinkten vertrauen, stellt sich Überfluss bei ihnen ein.

SATURN – DER DISZIPLINPLANET

Wo Jupiter sich ausdehnt, zieht Saturn sich zusammen. Saturn zeigt, wo wir Disziplin und Kontrolle erfahren. Er weiß, in welchen Lebensbereichen wir am härtesten arbeiten müssen, um erfolgreich zu sein – wo wir schmerzliche, aber wichtige Lektionen lernen. Dieser verantwortungsvolle Planet beschreibt, wo wir unser Schicksal erfüllen können, zeigt aber auch, wo wir Schwierigkeiten haben oder uns unzulänglich fühlen. Sich dem Karma zu stellen, ist nicht immer einfach. Saturn hat einen starken Einfluss auf unsere Zielstrebigkeit und unsere Entwicklung. Er kann ein harter Lehrmeister sein, aber wenn wir uns seinem strengen Blick stellen, werden wir für lange Zeit belohnt und mit einem unerschütterlichen Gefühl wahrhaftiger Leistung erfüllt.

Planetarischer Herrscher von: Steinbock
Saturn-Schlüsselwörter: Zeit, Begrenzung, Schwierigkeiten, Lektionen, Karma, harte Arbeit, Notwendigkeit, Lehrer, Autorität, Leistung, Angst

DIE RÜCKKEHR DES SATURNS

Alle 28 bis 29,5 Jahre kehrt Saturn an die gleiche Position im Geburtshoroskop zurück, die er bei der Geburt einer Person eingenommen hat. Dies ist ein kosmischer Übergangsritus, bei dem wir oft Angst oder den Druck verspüren, uns erwachsen zu verhalten. Es kann eine Zeit der Krise bedeuten, in der wir gewahr werden, dass wir die falsche Richtung eingeschlagen haben oder dass unser Leben anders verläuft, als wir es uns vorgestellt haben. Oft wird uns während einer Saturn-Rückkehr klar, dass wir noch eine Menge Arbeit vor uns haben, bevor wir dort ankommen, wo wir hinwollen. Andererseits kann Saturn uns heiß ersehnte zusätzliche Kompetenzen oder Beförderungen bringen, und wir können eine Gelegenheit bekommen, uns vor anderen zu beweisen. Normalerweise können wir bei der zweiten Rückkehr mit 56 bis 60 Jahren unsere Lebensziele der letzten 30 Jahre überprüfen und anpassen.

SATURN IM GEBURTSHOROSKOP

Saturn in Feuerzeichen (Widder, Löwe, Schütze):

Menschen mit Saturn in einem der Feuerzeichen lernen, die Initiative zu ergreifen und selbstbewusst aufzutreten. Schwierigkeiten in der Kindheit können eine Herausforderung sein, aber die Beschäftigung damit führt zu Charakterstärke. Der Feuer-Saturn-Mensch muss erst lernen, unabhängig zu handeln. Das Entdecken kreativer Fähigkeiten kann der Schlüssel zum Selbstwertgefühl sein.

Saturn in Erdzeichen (Stier, Jungfrau, Steinbock):

Erd-Saturn-Typen müssen den Wert des Geldes erkennen und lernen, sich selbst wertzuschätzen und zu unterstützen oder die Ressourcen anderer zu nutzen. Oftmals besteht Angst vor Sicherheitsverlust.

Saturn in Luftzeichen
(Zwillinge, Waage, Wassermann):

Persönlichkeiten mit Saturn in einem Luftzeichen können schüchtern sein oder Schwierigkeiten haben, ihre Gedanken auszudrücken. Manchmal besteht Angst, nicht ernst genommen zu werden.

Saturn in Wasserzeichen
(Krebs, Skorpion, Fische):

Wasser-Saturn-Menschen können sich von der Intensität ihrer eigenen Gefühle eingeschüchtert fühlen. Es kann sein, dass sie sich mit Verleugnung oder Verdrängung auseinandersetzen müssen oder ihren Instinkten nicht trauen.

URANUS – DER REBELLISCHE PLANET

Uranus ist der Planet der Veränderung, der Rebellion und der unerwarteten Konsequenzen. Dieser wandelbare Planet bringt eine neue Herangehensweise an die Probleme des Lebens durch einfallsreiche oder sogar unorthodoxe Handlungen. Sein unberechenbarer, manchmal bizarrer Einfluss regt uns an, Neues auszuprobieren. Er zeigt auf, welche Teile unseres Charakters einzigartig sind oder wo wir uns weigern, uns den Erwartungen der Gesellschaft zu beugen. Wenn Menschen mit den Energien des Uranus im Einklang sind, können sie sehr revolutionär sein – extrem inspirierend und von lebensverändernder Genialität.

Planetarischer Herrscher von: Wassermann
Uranus-Schlüsselwörter: Veränderung, exzentrisch, unberechenbar, sprunghaft, inspirierend, erhellend, rebellisch, modern, Gemeinschaft

URANUS IM GEBURTSHOROSKOP

Uranus in Feuerzeichen (Widder, Löwe, Schütze):

Menschen mit Uranus in einem der Feuerzeichen haben einen unabhängigen Pioniergeist und keine Angst davor, anders zu sein. Sie sind stolz darauf, aus der Masse herauszustechen, finden oft unkonventionelle Lösungen für ihre eigenen Probleme und überraschen andere gern.

Uranus in Erdzeichen (Stier, Jungfrau, Steinbock):

Typen mit Uranus in einem Erdzeichen neigen dazu, ihr Geld auf unkonventionelle Weise zu verdienen oder auszugeben und haben oft ungewöhnliche Jobs oder einen exzentrischen Lebensstil. Gemeinschaftsgefühl ist ihnen wichtig und sie teilen gern ihre Ressourcen für eine bessere Welt.

Uranus in Luftzeichen (Zwillinge, Waage, Wassermann):

Uranus ist am glücklichsten in den Luftzeichen, wo seine unkonventionelle und temperamentvolle Energie in der Welt der Ideen und Erfindungen zu Hause ist. Menschen mit Uranus in einem der Luftzeichen sprechen oft, ohne vorher nachzudenken, was für andere unterhaltsam, aber auch nervig sein kann.

Uranus in Wasserzeichen (Krebs, Skorpion, Fische):

Wasser-Uranus-Menschen können mit ihren Emotionen nicht so gut umgehen und versuchen lieber, unangenehme Gefühle zu rationalisieren. Aber wenn diese Menschen ihre Gefühle nicht ernst genug nehmen, treten die unausgesprochene Gefühle auf überraschende Weise an die Oberfläche.

NEPTUN –
DER FANTASIEVOLLE PLANET

Neptun herrscht über das Unterbewusstsein, die Spiritualität, unsichtbare Kräfte und die Sensibilität. Gleichzeitig steht er auch für die Veranlagung zu täuschen oder sich täuschen zu lassen, zu glauben oder desillusioniert zu werden, aber auch für übersinnliche Wahrnehmung, Intuition und Instinkt. Er repräsentiert Vorstellungskraft, künstlerische Fähigkeiten und Einfühlungsvermögen und beschreibt unsere Träume, unser Unbewusstes und unsere romantischen Illusionen. Neptuns Zeichen und Stellung im Geburtshoroskop können unsere metaphorischen Retter – und Peiniger – offenbaren und zeigen, was wir bereit sind zu geben und was unsere Leidenschaft entfacht.

Planetarischer Herrscher von: Fische
Neptun-Schlüsselwörter: übersinnlich, mystisch,
Täuschung, spirituell, Mitgefühl, Nächstenliebe,
Verlust, Verwirrung, Romantik, Ideale

NEPTUN IM GEBURTSHOROSKOP

Neptun in Feuerzeichen (Widder, Löwe, Schütze):

Menschen mit Neptun in einem der Feuerzeichen sind extrem anziehend, glamourös, aber oft schwer kennenzulernen. Sie geben anderen Rätsel auf, sind aber auch sich selbst oft ein Geheimnis.

Neptun in Erdzeichen
(Stier, Jungfrau, Steinbock):

Erd-Neptun-Persönlichkeiten können unpraktisch oder ausweichend sein, wenn es um Geld und Besitz geht, und manchmal rinnt ihnen durch die Finger, was sie besitzen.

Neptun in Luftzeichen
(Zwillinge, Waage, Wassermann):

In Luftzeichen fördert Neptun die Fantasie und die visionären Fähigkeiten von Menschen. Er kann aber auch eskapistische Fantasien oder unrealistische Vorstellungen verstärken.

Neptun in Wasserzeichen
(Krebs, Skorpion, Fische):

Wasser ist Neptuns ureigenes Element, daher fühlt sich der Planet hier wohl. Neptun unterstreicht die emotionalen und intuitiven Fähigkeiten, kann aber auch zu Absonderung oder Verweigerungshaltung führen.

PLUTO – PLANET DES WANDELS

Pluto wurde 1930 entdeckt. Weil er sich so langsam durch die Tierkreiszeichen bewegt – erst sieben Durchläufe seit seiner Entdeckung –, ist er als »Generationenplanet« bekannt. Aber seine Position im Geburtshoroskop verrät viel über die verborgenen oder dunklen Aspekte unserer Persönlichkeit und über die Mittel, die uns zur Verfügung stehen, sie ans Licht zu bringen. Pluto kann aufzeigen, wo wir unsere Schattenseiten ausloten und niederreißen können, was für uns nicht funktioniert – und so neues Leben und neue Energie schöpfen. Pluto geht nicht leichtfertig mit den Dingen um. Wenn es etwas gibt, vor dem wir uns verstecken oder vor dem wir Angst haben, zwingt er uns, dass wir uns unseren Dämonen stellen. Das ist kein angenehmer Prozess, aber die Veränderungen, die Pluto erzwingt, bringen uns schließlich Heilung und Selbstvergebung, indem wir die nicht so schönen Gefühle und Seiten von uns selbst verstehen.

Planetarischer Herrscher von: Skorpion
Pluto-Schlüsselwörter: Tod, Sex, Wandlung, Regeneration,
Verlangen, Macht, Zerstörung, Besessenheit,
Geheimnisse, verborgene Tiefen, Einsicht

PLUTO IM GEBURTSHOROSKOP

Pluto in Feuerzeichen (Widder, Löwe, Schütze):

Pluto-Feuer-Menschen verwandeln sich auf beeindruckende, kreative und dramatische Weise. Sie haben gern das Sagen und lernen tiefgreifende Lektionen aus der Wirkung, die ihre Macht auf andere hat. Oder sie erfahren Heilung, indem sie die Macht erkennen, die andere über sie haben.

Pluto in Erdzeichen (Stier, Jungfrau, Steinbock):

Persönlichkeiten mit Pluto in einem der Erdzeichen wandeln sich und heilen, indem sie alte Wertesysteme auf den Kopf stellen und neue, bessere Lösungen schaffen. Der Wandel ist langsam, aber dauerhaft und erhellend.

Pluto in Luftzeichen (Zwillinge, Waage, Wassermann):

Luft-Pluto-Typen wollen der Art, wie wir über Dinge denken, auf den Grund gehen. Sie wandeln sich und heilen, indem sie ihre eigenen seelischen Tiefen ausloten und mit den Dämonen, die ihnen dort begegnen, Frieden schließen. Oder sie helfen anderen, mit ihren Ängsten umzugehen.

Pluto in Wasserzeichen (Krebs, Skorpion, Fische):

Menschen mit Pluto in einem Wasserzeichen geraten oft in Krisen, in denen sie mit ihren eigenen verdrängten oder verborgenen emotionalen Tiefen konfrontiert werden. Oder sie müssen mit den intensiven emotionalen Dramen anderer umgehen. Heilung kommt durch Akzeptanz, Ehrlichkeit und Vergebung.

TEIL 6

ASTROLOGIE UND BEZIEHUNGEN

Die genaueste Methode, um herauszufinden, ob Menschen miteinander auskommen, ist die Analyse ihrer individuellen Geburtshoroskope mithilfe der astrologischen Techniken Synastrie oder Komposit-Horoskop. Dennoch ist schon die Kompatibilität der Sonnenzeichen aussagekräftig, denn unser Sonnenzeichen repräsentiert unser grundlegendes Ich – wer wir wirklich sind. Manche Tierkreiszeichen vertragen sich besser miteinander als andere, weil sie ähnliche Eigenschaften und Qualitäten haben – oder, wie bei den entgegengesetzten Tierkreiszeichen, weil sie uns das widerspiegeln, was wir in uns selbst erforschen müssen.

Triplizität, Quadruplizität und Polaritäten

TRIPLIZITÄTEN – KOMPATIBLE ELEMENTTYPEN

Jedes Zeichen hat einen Elementartyp (Feuer, Erde, Luft und Wasser), den es mit zwei anderen Zeichen teilt. Die drei Zeichen derselben Triplizität verstehen sich meistens und kommen gut miteinander aus, aber sie fühlen sich auch zu ihrem entgegengesetzten Element hingezogen oder können von ihm lernen. In der Regel verstehen sich Feuerzeichen gut mit Luftzeichen und Wasserzeichen gut mit Erdzeichen.

Feuerzeichen: Widder, Löwe, Schütze
Kompatibel mit Luftzeichen

Feuerzeichen sind enthusiastisch, spontan und aktiv. Sie langweilen sich bei zu viel praktischer Planung (Erde) oder fühlen sich unwohl, wenn starke Emotionen im Spiel sind (Wasser). Aber sie profitieren von mehr Analyse (Luft).

Erdzeichen: Stier, Jungfrau, Steinbock
Kompatibel mit Wasserzeichen

Erdzeichen sind praktisch, stabil und konservativ. Sie sind misstrauisch gegenüber zu viel Spontaneität (Feuer) oder mangelnder Sachlichkeit (Luft), können aber die Emotionalität der Wasserzeichen nachvollziehen.

Luftzeichen: Zwillinge, Waage, Wassermann
Kompatibel mit Feuerzeichen

Luftzeichen sind intellektuell, vielseitig und analytisch. Sie fühlen sich von den anhänglichen Wasserzeichen eingeengt und sind genervt von der Langsamkeit der Erdzeichen. Aber sie profitieren von der Durchsetzungskraft der Feuerzeichen.

Wasserzeichen: Krebs, Skorpion, Fische
Kompatibel mit Erdzeichen

Wasserzeichen sind intuitiv, emotional und fantasievoll. Sie schätzen weder die Unverblümtheit der Feuerzeichen noch die Intellektualität der Luftzeichen. Aber sie verstehen das Bedürfnis der Erdzeichen nach Struktur und Bedächtigkeit.

QUADRUPLIZITÄTEN UND POLARITÄTEN

Der Tierkreis lässt sich außerdem auch in drei Gruppen von jeweils vier Zeichen unterteilen (Quadruplizitäten), welche dieselben Eigenschaften haben: kardinale, feste und bewegliche Zeichen.

QUADRUPLIZITÄTEN

Kardinal: *Widder, Waage, Krebs, Steinbock*
Aufgeschlossen, kreativ und unternehmungslustig.

Fest: *Stier, Skorpion, Löwe, Wassermann*
Stur oder starr in ihren Ansichten und Gefühlen.

Beweglich: *Zwillinge, Schütze, Jungfrau, Fische*
Flexibel, vielseitig und tolerant.

POLARITÄTEN

Die sechs sich jeweils gegenüberliegenden Tierkreiszeichen gehören zur gleichen Vierheit und jede Polarität spiegelt das Bedürfnis nach Gleichgewicht in bestimmten Lebensbereichen wider:

Widder – Waage
Das Selbst gegen das Gegenüber (kardinal).

Stier – Skorpion
Form gegen Wandel (fest).

Zwillinge – Schütze
Details gegen Weitblick (beweglich).

Krebs – Steinbock
Privatleben gegen Karriere (kardinal).

Löwe – Wassermann
Selbstverwirklichung gegen Gruppenzugehörigkeit (fest).

Jungfrau – Fische
Ordnung gegen Chaos (beweglich).

WIDDER-BEZIEHUNGEN

Wie Widder-Menschen in den Bereichen Liebe, Freundschaft, Beruf und Kindererziehung mit anderen in Beziehung stehen.

Widder: Liebe

Widder wollen jemanden, der oder die genauso leidenschaftlich und enthusiastisch ist wie sie selbst. Sie brauchen Spannung und langweilen sich schnell. Sie wollen nicht ständig über ihre Gefühle reden – aber sie genießen ein ausgelassenes Sexleben und brauchen einen abenteuerlustigen Partner.

Passt am besten zu: Löwe, Schütze und Waage
Schlechteste Übereinstimmung: Stier, Fische

Widder: Freundschaft

Mit einem Widder befreundet zu sein, ist nie langweilig. Diese impulsiven Charaktere, die nicht gern die ganze Nacht vor dem Fernseher oder in der Kneipe sitzen, brauchen Menschen um sich herum, mit denen sie sich ins nächste aufregende Abenteuer stürzen können: Jeder sollte in ihren Augen gelegentlich Gleitschirm fliegen …

Passt am besten zu: Löwe, Schütze, Widder
Passt am wenigsten zu: Stier, Fische

Widder: Beruf

Widder sind gern Chefs oder Chefinnen und brauchen Menschen, die sie in ihrer Führungsrolle respektieren. Sie ergreifen die Initiative und erwarten von anderen, dass sie Ideen und Gedanken teilen und kreativ sind. Sie haben Respekt vor Menschen, die ihre Meinung sagen, und sie erwarten, dass andere zuhören, wenn sie ihre Meinung äußern!

Passt am besten zu: Widder, Schütze, Zwillinge

Passt am wenigsten zu: Skorpion, Jungfrau

Widder: Elternschaft

Widder-Eltern haben eine kindliche Spontaneität. Sie kennen die Hölle der Langeweile und wissen, wie sie ihren Nachwuchs unterhalten können. Sie sind nicht unbedingt die fürsorglichsten Menschen, aber das machen sie durch die Liebe zu ihren Kindern wieder wett.

Passt am besten zu: Waage, Widder, Wassermann

Passt am wenigsten zu: Krebs

STIER-BEZIEHUNGEN

Wie Stier-Menschen in den Bereichen Liebe, Freundschaft, Beruf und Kindererziehung mit anderen in Beziehung stehen.

Stier: Liebe

Stier-Menschen stürzen sich nicht leichtsinnig in Beziehungen. Einmal gebunden, sind sie leidenschaftliche, liebevolle und loyale Partner, die für die Menschen, die sie lieben, Berge versetzen. Veränderungen können sie aus der Fassung bringen, deshalb brauchen sie jemanden, der ihr Bedürfnis nach Routine und Komfort respektiert.

Passt am besten zu: Krebs, Skorpion, Jungfrau
Passt am wenigsten zu: Löwe, Wassermann

Stier: Freundschaft

Stier-Freundschaften halten oft ein Leben lang. Es kann lange dauern, bis Stier-Menschen jemandem vertrauen, aber dann entwickelt sich ein unzerstörbares Band. Stiere pflegen meist nur ein paar enge, aber dafür umso tiefere Freundschaften. Sie wollen ihren Freund:innen dabei helfen, herauszufinden, was sie am glücklichsten macht, und auf dem Weg dorthin viel lachen. Sie lieben es, gemeinsam gut zu essen und zu trinken und das Leben zu genießen.

Passt am besten zu: Waage, Jungfrau, Stier
Passt am wenigsten zu: Widder, Zwillinge

Stier: Beruf

Stier-Menschen sind gut organisierte, harte Arbeiter:innen. Sie brauchen Struktur und müssen wissen, was sie jeden Tag zu tun haben. Sie brechen keine Regeln und schätzen keine Unsicherheit. Aber wenn sie sich sicher und wertgeschätzt fühlen, sind sie die loyalsten Vorgesetzten oder Kolleg:innen, die es gibt.

- -

Passt am besten zu: Steinbock, Krebs, Stier
Passt am wenigsten zu: Zwillinge, Wassermann

Stier: Elternschaft

Stier-Eltern übernehmen in der Regel eine traditionelle Rolle bei der Erziehung ihrer Kinder. Sie tun ihr Bestes, um für ein sicheres, gemütliches Zuhause zu sorgen, in dem gutes Essen, Musik und Kunst ein wichtiger Teil der Umgebung ihres Kindes sind. Stier-Menschen können sehr stur sein, wenn sie sich für eine Sache entschieden haben. Deshalb kann es bei Meinungsverschiedenheiten zu Machtkämpfen kommen – oft über Jahre hinweg.

- -

Passt am besten zu: Stier, Krebs, Waage
Passt am wenigsten zu: Löwe, Wassermann

ZWILLINGE-BEZIEHUNGEN

Wie Zwillinge-Menschen in den Bereichen Liebe, Freundschaft, Beruf und Kindererziehung mit anderen in Beziehung stehen.

Zwillinge: Liebe

Für Zwillinge muss Liebe kommuniziert werden – ohne regelmäßige Interaktion und Analyse ihrer Gedanken und Gefühle schrauben sie sich in realitätsferne Annahmen und Schlussfolgerungen hinein. Überwältigende Emotionen können Zwillinge erschrecken. Sie ziehen es vor, ihre Gefühle zu rationalisieren. Sie brauchen einen Partner, mit dem sie ehrlich sein können, damit keine Geheimnisse den Kommunikationsfluss hemmen.

- -

Passt am besten zu: Schütze, Waage, Löwe
Passt am wenigsten zu: Stier, Skorpion

Zwillinge: Freundschaft

Zwillinge sind eines der freundlichsten Sternzeichen des Tierkreises. Sie sind soziale Schmetterlinge, die mit ihrer Offenheit, ihrem Witz und ihrem Humor alle möglichen Leute bezaubern. Sie haben in der Regel einen großen, unbeschwerten Freundes- und Bekanntenkreis und sind immer eine Bereicherung für jede gesellige Runde. Zwillinge können ein wenig wankelmütig sein und ändern, je nach Stimmung, oft ihren Geschmack und ihre Gesellschaft.

Passt am besten zu: Zwillinge, Wassermann, Schütze
Passt am wenigsten zu: Stier, Krebs

Zwillinge: Beruf

Zwillinge sind bei der Arbeit nicht immer die praktischsten Menschen, aber ihnen fehlt es nie an einer guten Idee. Sie können mehrere Projekte gleichzeitig bewältigen und denken auf vielen verschiedenen Ebenen. Sie tauschen ihre Ideen gern mit anderen aus, sind gute Netzwerker:innen und brillante Forscher:innen.

Passt am besten zu: Waage, Wassermann, Jungfrau
Passt am wenigsten zu: Steinbock, Fische

Zwillinge: Elternschaft

Zwillinge-Eltern sind im Herzen jung geblieben. Sie sind lustig, flexibel und versöhnlich, gesprächig und oft unpraktisch. Ärgerliche oder enttäuschende Situationen können sie in lustige Erinnerungen verwandeln. Zwillinge-Eltern sprechen nicht besonders gern über emotionale Themen und nutzen ihre Eloquenz, um unangenehme Momente der Selbstreflexion zu umgehen.

Passt am besten zu: Schütze, Waage, Widder
Passt am wenigsten zu: Krebs, Stier

KREBS-BEZIEHUNGEN

Wie Krebs-Menschen in den Bereichen Liebe, Freundschaft, Beruf und Kindererziehung mit anderen in Beziehung stehen.

Krebs: Liebe

Krebs-Menschen überschütten ihre Kinder, Verwandten, Partner:innen und Haustiere mit Fürsorge. Sogar Pflanzen fühlen sich wohl, wenn sie die Zuneigung eines Krebses erfahren. Weil sie so eng mit der emotionalen Atmosphäre verbunden sind, können sie empfindlich und schnell zu kränken sein. Wenn Krebse sich unsicher oder ungeliebt fühlen, ziehen sie sich oft in ihr Schneckenhaus zurück.

Passt am besten zu: Steinbock, Fische, Krebs
Passt am wenigsten zu: Wassermann, Löwe

Krebs: Freundschaft

Die Freunde und Freundinnen von Krebsen sind normalerweise ein wichtiger Teil von deren Leben. Krebse können anfangs schüchtern sein, vor allem in größeren Gruppen oder auf Partys, gehen aber nach Einzelgesprächen schnell enge Bindungen ein. Durch ihre Freundlichkeit und Sensibilität werden sie meist von Menschen wahrgenommen, die dieselben Qualitäten schätzen. Krebse lassen Menschen nicht so leicht los, aber sie sind auch nicht aufdringlich in ihren Freundschaften.

Passt am besten zu: Stier, Krebs, Wassermann
Passt am wenigsten zu: Widder, Schütze

Krebs: Beruf

Krebse sind gewiefte Profis, hartnäckig und intuitiv. Sie können etwas defensiv oder zurückhaltend sein, wenn sie aufgefordert werden, über sich selbst und ihre Erfolge zu sprechen. Normalerweise spielen sie lieber eine Nebenrolle, als im Rampenlicht zu stehen, aber tief in ihrem Inneren wissen sie, dass sie die entscheidende Rolle bei vielen Erfolgen innehaben.

- -

Passt am besten zu: Jungfrau, Waage, Skorpion
Passt am wenigsten zu: Zwillinge, Löwe

Krebs: Elternschaft

Mit seiner starken Mondassoziation ist der Krebs das mütterlichste aller Tierkreiszeichen. Krebs-Mütter und -Väter können ein wenig überfürsorglich sein und ihren Nachwuchs mit ihrem ständigen Umsorgen in den Wahnsinn treiben. Aber weil das alles aus Liebe geschieht, wird es in der Regel verziehen.

- -

Passt am besten zu: Skorpion, Krebs, Stier
Passt am schlechtesten zu: Zwillinge, Waage

LÖWE-BEZIEHUNGEN

Wie Löwe-Menschen in den Bereichen Liebe, Freundschaft, Beruf und Kindererziehung mit anderen in Beziehung stehen.

Löwe: Liebe

Wenn Löwe-Menschen verliebt sind, wollen sie es laut herausposaunen. Die Liebe erfüllt sie mit Hoffnung und Freude und sie strahlt aus ihnen heraus wie ihr herrschender Planet, die Sonne. Löwen stellen die Person, die sie anbeten, in den Mittelpunkt ihres Universums, sind aber enttäuscht, wenn das Objekt ihrer Zuneigung diese Liebe nicht genauso vehement erwidert.

- -

Passt am besten zu: Wassermann, Waage, Schütze
Passt am wenigsten zu: Stier, Steinbock

Löwe: Freundschaft

Löwen sind in Freundschaften glamourös, dominant und manchmal unverschämt. Sie sind in der Regel sehr beliebt – Freunde und Freundinnen der Löwen müssen sich manchmal in einer langen Schlange anstellen. Aber diese geselligen, warmherzigen Charaktere sind großzügig und offen zu den Menschen, die sie mögen – im Austausch mit einer gewissen Portion Schmeichelei.

Passt am besten zu: Widder, Fische, Zwillinge
Passt am wenigsten zu: Löwe, Krebs

Löwe: Beruf

Löwen lieben es, Chefs oder Chefinnen zu sein. In dieser Position fühlen sie sich am wohlsten und erwarten von anderen, dass sie ihre Autorität respektieren. Sie sind anspruchsvoll, haben aber viel Verständnis ihren Kolleg:innen gegenüber und erwarten Anerkennung für gut gemachte Arbeit. Ein Löwe am Arbeitsplatz, der nicht ausreichend Wertschätzung erfährt, ist ein wirklich trauriger Anblick!

Passt am besten zu: Widder, Zwillinge, Stier
Passt am schlechtesten zu: Fische, Jungfrau

Löwe: Elternschaft

Löwe-Eltern stellen gern Regeln auf und erwarten, dass man ihnen gehorcht. Sie sind großzügig und liebevoll, wenn sie respektiert werden, aber sie können Tyrannen sein, wenn sie sich unterschätzt oder manipuliert fühlen. Löwe-Eltern sind sehr stolz auf ihre Kinder und genießen es, sie vorzuzeigen.

Passt am besten zu: Widder, Schütze, Löwe
Passt am wenigsten zu: Stier, Skorpion

JUNGFRAU-BEZIEHUNGEN

Wie Jungfrau-Menschen in den Bereichen Liebe, Freundschaft, Beruf und Kindererziehung mit anderen in Beziehung stehen.

Jungfrau: Liebe

Die bescheidenen Jungfrauen gehen Leidenschaft mit einer gewissen natürlichen Zurückhaltung an, aber wenn sie sich sicher und wertgeschätzt fühlen, blühen sie auf. Jungfrauen sind aufmerksame, sanftmütige Partner:innen, die selbst die kleinsten Details im Verhalten ihres Gegenübers bemerken, was sehr liebenswert, aber manchmal auch ein wenig übertrieben sein kann.

- -

Passt am besten zu: Steinbock, Stier, Fische
Passt am wenigsten zu: Widder, Löwe

Jungfrau: Freundschaft

Als eines der schüchternsten Sternzeichen machen Jungfrauen meistens nicht sofort viel Aufhebens um andere, und wenn sie jemanden mögen, zeigen sie das oft auf unspektakuläre, praktische Weise. Sie merken sich detailliert, was ihre Freunde mögen, und lieben witzige Gespräche.

- -

Passt am besten zu: Jungfrau, Stier, Zwillinge
Passt am wenigsten zu: Krebs, Wassermann

Jungfrau: Beruf

Wenn du etwas erledigt haben willst, frag eine Jungfrau. Jungfrauen sind immer beschäftigt – für sie gibt es dauernd etwas abzuarbeiten. Sie sind gnadenlos effizient, klug und fleißig – aber wenn sie sich keine Zeit für Entspannung nehmen, kann Stress aufkommen.

Passt am besten zu: Stier, Zwillinge, Widder
Passt am wenigsten zu: Fische, Löwe

Jungfrau: Elternschaft

Jungfrauen fördern die natürliche Neugierde ihrer Kinder. Sie haben selbst auf die schwierigsten oder unangenehmsten Fragen immer eine durchdachte oder clevere Antwort parat. Das Perfektionsbedürfnis der Jungfrau kann sich manchmal wie Kritik anfühlen, aber solange diese Beobachtungen konstruktiv bleiben, sollten sie akzeptabel sein.

Passt am besten zu: Widder, Schütze, Löwe
Passt am wenigsten zu: Stier, Skorpion

WAAGE-BEZIEHUNGEN

Wie Waage-Menschen in den Bereichen Liebe, Freundschaft, Beruf und Kindererziehung mit anderen in Beziehung stehen.

Waage: Liebe

Die Waage ist das Tierkreiszeichen, das am meisten mit Liebe und Beziehungen in Verbindung gebracht wird. Manchmal sind die romantischen Waagen allerdings vor allem in die Idee der Liebe verliebt, aber sie werden ihren Lieblingsmenschen mit echter Zuneigung, Wärme und Gefühlen überhäufen. Waagen vergessen manchmal, dass sie unabhängige Menschen sind und nicht immer als »Einheit« mit anderen denken oder handeln müssen.

Passt am besten zu: Widder, Zwillinge, Stier
Passt am wenigsten zu: Schütze, Jungfrau

Waage: Freundschaft

Diese von der Venus beherrschten Menschen sind gesellig, charmant und wollen immer das Richtige für andere tun. Sie mögen keine Konflikte, manchmal verschweigen sie deshalb, wenn ihnen langweilig ist, und sie neigen dazu, ihre Meinung für sich zu behalten. Etwas weniger passiv zu sein, könnte die Bindung zu ihren Freund:innen stärken.

Passt am besten zu: Wassermann, Zwillinge, Löwe
Passt am wenigsten zu: Skorpion, Fische

Waage: Beruf

Waage-Menschen brauchen ein harmonisches Arbeitsumfeld. Sie kommen gut mit den unterschiedlichsten Menschentypen zurecht, aber sie sind gestresst, wenn andere im Streit liegen. Oft sind ihnen die Beziehungen zu ihren Kolleg:innen wichtiger als die eigentliche Arbeit.

- -

Passt am besten zu: Löwe, Zwillinge, Widder
Passt am wenigsten zu: Fische, Skorpion

Waage: Elternschaft

Waage ist das Zeichen der Gerechtigkeit und Waage-Eltern werden ihre Kinder lehren, das Richtige zu tun. Manchmal brauchen sie lange für Entscheidungen, was daran liegt, dass sie beide Seiten abwägen. Es kann schwierig sein, einen Waage-Elternteil dazu zu bringen, eine eindeutige Meinung zu äußern – selbst wenn das erforderlich wäre. Harmonie um jeden Preis ist das Motto der Waage!

- -

Passt am besten zu: Stier, Jungfrau, Wassermann
Passt am wenigsten zu: Krebs, Schütze

SKORPION-BEZIEHUNGEN

Wie Skorpion-Menschen in den Bereichen Liebe, Freundschaft, Beruf und Kindererziehung mit anderen in Beziehung stehen.

Skorpion: Liebe

Skorpione haben den Ruf, sexy und rücksichtslos zu sein, aber nur, weil sie so leidenschaftlich lieben. Skorpione sind Experten darin, ihre wahren Gefühle zu verbergen, es sei denn, sie haben ein Gegenüber, dem sie wirklich vertrauen können. Sie brauchen jemanden, der keine Angst vor echter Intimität hat und mit dem sie ihre tiefsten Geheimnisse und Erfahrungen teilen können.

- -

Passt am besten zu: Skorpion, Krebs, Stier
Passt am wenigsten zu: Löwe, Zwillinge

Skorpion: Freundschaft

Skorpione sind fasziniert davon, wie andere Menschen ticken, und sie bevorzugen Freund:innen aus verschiedenen Lebensbereichen, die ihnen eine andere Perspektive als ihre eigene bieten können. Sie haben oft ein fast unheimliches Einfühlungsvermögen in die Menschen um sie herum. Werden sie von diesen in irgendeiner Weise beleidigt, können sie ziemlich barsch reagieren oder zu Machtspielen neigen.

Passt am besten zu: Steinbock, Krebs, Fische
Passt am wenigsten zu: Schütze, Zwillinge

Skorpion: Beruf

Skorpione haben enorme Energiereserven, und wenn sie Spaß an ihrer Arbeit haben, sind sie überragend darin. Aber sie brauchen eine befriedigende Karriere, sonst langweilen sie sich. Ihre ganze Leidenschaft für das Leben muss irgendwohin – ein erfüllendes Hobby ist auch eine Möglichkeit.

Passt am besten zu: Steinbock, Waage, Krebs
Passt am wenigsten zu: Löwe, Widder

Skorpion: Elternschaft

Skorpion-Eltern können ein Mysterium sein. Nach außen hin wirken sie kühl, ruhig und kontrolliert, aber wenn sie provoziert werden, können sie einen brodelnden Vulkan der Gefühle ausspucken. Skorpione sind hervorragend im Umgang mit unangenehmen Themen und lehren ihre Kinder, vor nichts Angst zu haben.

Passt am besten zu: Jungfrau, Fische, Stier
Passt am wenigsten zu: Krebs, Waage

SCHÜTZE-BEZIEHUNGEN

Wie Schütze-Menschen in den Bereichen Liebe, Freundschaft, Beruf und Kindererziehung mit anderen in Beziehung stehen.

Schütze: Liebe

Schütze-Menschen sind sehr unabhängig. Wenn sie sich verlieben, kann das für sie ziemlich überwältigend sein. Große Nähe bringt sie manchmal aus dem Gleichgewicht. Aber wenn sie die Liebe als Abenteuer sehen, bei dem es neue Entdeckungen über ihre Partner:innen und sich selbst zu machen gilt, lassen sie sich ganz und gar auf das Gefühl ein und öffnen ihr Herz.

- -

Passt am besten zu: Löwe, Waage, Widder
Passt am wenigsten zu: Steinbock, Stier

Schütze: Freundschaft

Schütze-Menschen sind in Freundschaften offen, ehrlich – manchmal etwas unpassend –, lustig und beliebt. Sie halten sich selten damit zurück, zu sagen, was sie wirklich denken oder fühlen, was die Freundschaft lebendig und interessant macht. Sie sind immer für eine Herausforderung zu haben, egal, wie groß sie ist.

Passt am besten zu: Zwillinge, Stier, Wassermann
Passt am wenigsten zu: Jungfrau, Skorpion

Schütze: Beruf

Schützen sind große Denker:innen. Zum Teufel mit den Details und der praktischen Umsetzung! Eine vorhersehbare Routine ist nicht gut für Schütze-Persönlichkeiten. Sie haben echte Visionen und auch die Energie, um ihre Ideen zu verwirklichen, aber sie sollten nicht in die Nähe eines Budgets kommen: Sie werden es aufbrauchen, bevor sie überhaupt wissen, dass es existiert.

Passt am besten zu: Stier, Löwe, Waage
Passt am wenigsten zu: Jungfrau, Fische

Schütze: Elternschaft

Schütze-Eltern sind mit großer Freude bei der Sache. Sie sind enthusiastisch, überschwänglich und intellektuell anregend, auch wenn sie nicht die fürsorglichsten Sternzeichen sind. Geduld ist nicht ihre Stärke und einige der sich wiederholenden Aspekte der Elternschaft verlangen ihnen eine Menge ab.

Passt am besten zu: Jungfrau, Fische, Stier
Passt am wenigsten zu: Krebs, Waage

STEINBOCK-BEZIEHUNGEN

Wie Steinbock-Menschen in den Bereichen Liebe, Freundschaft, Beruf und Kindererziehung mit anderen in Beziehung stehen.

Steinbock: Liebe

Steinböcke sind nicht impulsiv und gehen nicht leichtfertig Beziehungen ein. Sie können sehr wählerisch sein, denn sie wissen, dass sie die Verantwortung für das Herz einer Person tragen, mit der sie eine Bindung eingehen. Steinböcke können in der Liebe unnahbar oder zurückhaltend wirken, aber damit wollen sie vor allem ihre Schüchternheit oder Unsicherheit überspielen. Sie können sehr tief verletzt sein, ohne dass man es ihnen anmerkt. Den Partner:innen mehr von den eigenen Gefühlen zu zeigen, wäre für die Entwicklung von empathischen und aufrichtigen Beziehungen ein guter Schritt.

Passt am besten zu: Jungfrau, Krebs, Fische
Passt am wenigsten zu: Zwillinge, Löwe

Steinbock: Freundschaft

Steinbock-Menschen haben loyale, treue Freund:innen und sind ihnen gegenüber oft besser in der Lage, sich offen zu äußern als gegenüber ihrer Familie und in ihrer Partnerschaft. Steinböcke pflegen Freundschaften zu Menschen jeden Alters, spüren aber eine Affinität zu älteren Personen und schätzen deren Weisheit, Wissen und Erfahrung.

Passt am besten zu: Wassermann, Stier, Skorpion
Passt am wenigsten zu: Widder, Waage

Steinbock: Beruf

Steinböcke sind die erfolgreichsten Geschäftsleute des Tierkreises. Sie sind klug, entschlossen und ehrgeizig und wissen instinktiv, wie sie es in ihrer gewählten Laufbahn an die Spitze schaffen können. Sie sind fleißig, praktisch veranlagt und lernen schnell aus ihren Fehlern und Erfolgen.

Passt am besten zu: Steinbock, Stier, Krebs
Passt am wenigsten zu: Zwillinge, Wassermann

Steinbock: Elternschaft

Steinbock-Eltern können ein wenig distanziert oder kühl wirken, was von ihren Familien oft als mangelnde Zuneigung missverstanden wird. Sie sind vielleicht ein bisschen steif, wenn es darum geht, ihre Gefühle auszudrücken, aber wenn sie es tun, besteht kein Zweifel an ihrer Aufrichtigkeit. Steinbock-Eltern bringen ihren Kindern bei, dass sie jeden Berg erklimmen können, und rüsten sie mit den dafür nötigen Fähigkeiten aus.

Passt am besten zu: Krebs, Steinbock, Stier
Passt am wenigsten zu: Widder, Löwe

WASSERMANN-BEZIEHUNGEN

Wie Wassermann-Menschen in den Bereichen Liebe, Freundschaft, Beruf und Kindererziehung mit anderen in Beziehung stehen.

Wassermann: Liebe

Wassermann-Menschen sind sehr unabhängig und brauchen Partner:innen, die nicht zu anhänglich sind oder ihren emotionalen Rückhalt benötigen. Sie rebellieren gegen traditionelle Rollen und ihr Liebesleben kann durchaus exzentrisch sein. Solange aber eine intellektuelle Verbindung besteht, sind sie kluge und aufregende Liebespartner:innen.

- -

Passt am besten zu: Jungfrau, Krebs, Fische
Passt am wenigsten zu: Zwillinge, Löwe

Wassermann: Freundschaft

Wassermann-Menschen sind zur Freundschaft geboren. Sie sind unersättlich neugierig auf andere Menschen und auf das, was diese bewegt. Ihre unkonventionelle Herangehensweise zieht Persönlichkeiten mit ganz unterschiedlichen Hintergründen an. Sie lieben es, Teil einer Bewegung oder eines Kollektivs – gern auch rebellischer Natur – zu sein.

Passt am besten zu: Wassermann, Zwillinge, Waage
Passt am wenigsten zu: Krebs, Stier

Wassermann: Beruf

Als originelle, fortschrittliche Denker:innen wollen Wassermänner und -frauen den Wandel anführen. Sie sind hervorragende Politiker:innen oder sprechen gern für Menschen, denen es schwerfällt, für sich selbst zu sprechen. Langeweile ist ihr Feind bei der Arbeit. Sie haben keine Freude an Routine, um die alltäglichen Dinge müssen sich andere kümmern.

Passt am besten zu: Steinbock, Widder, Schütze
Passt am wenigsten zu: Löwe, Fische

Wassermann: Elternschaft

Konventionelle Elternrollen scheinen für viele Wassermann-Menschen nicht zu passen, denen es von Natur aus gegen den Strich geht, gesellschaftliche Normen zu erfüllen. Wassermann-Eltern können unberechenbar sein, aber sie geben ihren Kindern Raum, so zu sein, wie sie wollen, und fördern deren Unabhängigkeit und originelles Denken.

Passt am besten zu: Wassermann, Zwillinge, Waage
Passt am wenigsten zu: Steinbock, Stier

FISCHE-BEZIEHUNGEN

Wie Fische-Menschen in den Bereichen Liebe, Freundschaft, Beruf und Kindererziehung mit anderen in Beziehung stehen.

Fische: Liebe

Fische sind geheimnisvolle, mitfühlende und emotionale Menschen, die für die Romantik leben. Sie können genauso viel Zeit damit verbringen, über die Liebe zu fantasieren, wie sie tatsächlich dafür aufwenden, sie zu erlangen. Wenn sie aber jemanden finden, der genauso fühlt wie sie, können sie gemeinsam den Himmel auf Erden erschaffen. Aber ein gelegentlicher Realitätscheck wäre nicht verkehrt.

- -

Passt am besten zu: Jungfrau, Skorpion, Krebs
Passt am wenigsten zu: Wassermann, Waage

Fische: Freundschaft

Fische setzen alles daran, ihren Freund:innen zu helfen, denn sie sind so empathisch, dass sie die Probleme und den Schmerz der Menschen, die ihnen am nächsten stehen, nachempfinden können. Es ist wichtig für sie, sich regelmäßig Zeit für sich zu nehmen, damit sie sich selbst nicht verlieren.

- -

Passt am besten zu: Stier, Krebs, Jungfrau
Passt am wenigsten zu: Steinbock, Widder

Fische: Beruf

Fische sind kreativ, haben eine reiche Fantasie und zeichnen sich als Künstler:innen, Schriftsteller:innen oder Musiker:innen aus. Sie sind nicht die diszipliniertesten Menschen und scheuen das Rampenlicht. Oft reicht schon ein wenig Ermutigung oder der Glaube anderer an sie aus, um Fische zu Höchstleistungen zu bringen.

Passt am besten zu: Fische, Wassermann, Skorpion
Passt am wenigsten zu: Stier, Waage

Fische: Elternschaft

Die Stimmungen von Fische-Eltern sind geheimnisvoll und wechselhaft, aber sie überschütten ihre Kinder mit bedingungsloser Liebe. Fische-Eltern finden ihre Sprösslinge vielleicht schwer zu kontrollieren, aber sie lehren ihre Kinder, an sich selbst zu glauben, und ermutigen alle Versuche, mit ihrer Spiritualität in Kontakt zu kommen.

Passt am besten zu: Skorpion, Krebs, Fische
Passt am wenigsten zu: Zwillinge, Wassermann

Vergiss nicht, dass diese Beziehungsvergleiche auf den Persönlichkeitstypen der Sonnenzeichen basieren. Um die Kompatibilität des Mondes, der Aszendenten und der übrigen Planeten mit einzubeziehen, müsste ein ganz neues Buch entstehen! Sei also nicht entmutigt, wenn du bei jemandem, mit dem du dich gut verstehst, unter »Passt am wenigsten« auftauchst – denke daran, dass dein Sonnenzeichen nur ein Teil einer komplexen Geschichte ist.

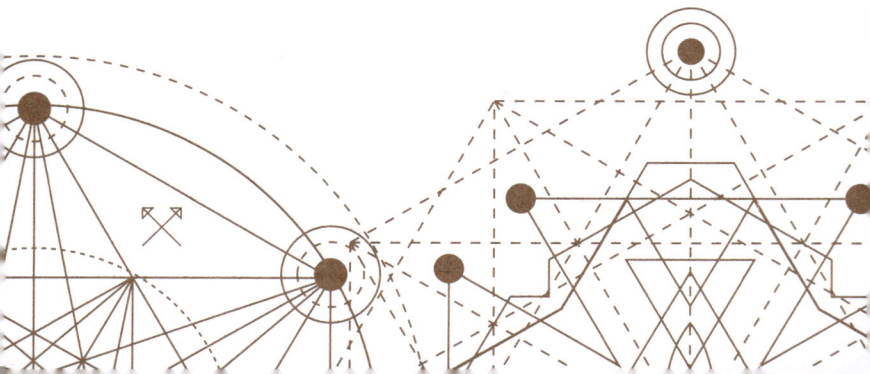

TEIL 7

ALLES ÜBER GEBURTSHOROSKOPE

Ein persönliches Geburtshoroskop ist ein Bild davon, wie der Himmel aussah, als der jeweilige Mensch geboren wurde. Je genauer der Geburtszeitpunkt angegeben ist, desto mehr Informationen kannst du über die Person herausfinden. Horoskope können auch für die »Geburt« eines Ereignisses erstellt werden, um zum Beispiel herauszufinden, welche planetarischen Bedingungen zu Beginn eines Krieges, bei der Krönung einer Königin, beim Aufstieg einer politischen Bewegung oder beim Lottogewinn eines Bekannten herrschten. Du kannst ein Horoskop für jeden beliebigen Zeitpunkt erstellen, um Informationen darüber zu erhalten, was wahrscheinlich passieren wird, was passiert ist oder was jetzt passiert. Egal, ob du dir das Horoskop einer Person oder eines Ereignisses ansiehst, es hat immer die gleichen Merkmale.

DIE ZWÖLF HÄUSER

Der 360-Grad-Kreis des Geburtshoroskops enthält zwölf Abschnitte, die als Häuser bezeichnet werden. Jedes Haus beschreibt einen bestimmten Lebensbereich:

Erstes Haus – *Entsprechung Widder*
Das Selbst, Aussehen, Identität, Charakter

Zweites Haus – *Entsprechung Stier*
Geld, Talente, Besitz, Fähigkeiten, Einkommen

Drittes Haus – *Entsprechung Zwillinge*
Geschwister, Kommunikation, Kurzreisen, Nachbarn

Viertes Haus – *Entsprechung Krebs*
Mutter, Heim und häusliches Leben, Vergangenheit

Fünftes Haus – *Entsprechung Löwe*
Liebesbeziehungen, Kreativität, Glücksspiel, Kinder

Sechstes Haus – *Entsprechung Jungfrau*
Gesundheit, Routinearbeiten, Haustiere, Organisation

Siebtes Haus – *Entsprechung Waage*
Beziehungen, die Anderen, Widersacher

Achtes Haus – *Entsprechung Skorpion*
Sex, Tod, gemeinsame Finanzen, das Okkulte

Neuntes Haus – *Entsprechung Schütze*
Fernreisen, Bildung, Glaube

Zehntes Haus – *Entsprechung Steinbock*
Weltlicher Erfolg, Karriere, Vater, Ambitionen

Elftes Haus – *Entsprechung Wassermann*
Freundschaften, Gruppen, Bewegungen, Ideale

Zwölftes Haus – *Entsprechung Fische*
Karma, Spiritualität, Unbewusstes, Träume

DIE VIER HAUPTPUNKTE

Das Geburtshoroskop hat vier wichtige Punkte. Der erste ist immer der Aszendent – oder das aufsteigende Zeichen: dasjenige Tierkreiszeichen, das zum Zeitpunkt der Geburt der Person (oder des Ereignisses) am östlichen Horizont aufging. Die anderen sind Deszendent, Imum Coeli (Himmelstiefe) und Medium Coeli (Himmelsmitte).

Aszendent (ASC) Erstes Haus

Dies ist der Punkt, der am meisten mit der Person verbunden ist – es ist ihr aufsteigendes Zeichen, das heißt, die Art und Weise, wie sie auf die Welt um sich herum reagiert.

Imum Coeli (IC) Viertes Haus

Das vierte Haus befindet sich im südlichen Punkt des Geburtshoroskops und beschreibt das Leben zu Hause sowie Kindheit, Vergangenheit und Wurzeln der Person.

Deszendent (DSC) Siebtes Haus

Immer genau gegenüber dem Aszendenten. Dieser Punkt steht für »das Andere« und beschreibt die Art der Beziehungen, die die Person hat.

Medium Coeli (MC) Zehntes Haus

Die Himmelsmitte befindet sich im Norden des Horoskops und zeigt die weltlichen Ambitionen und Erfolgschancen der Person an.

DIE SYMBOLE DER PLANETEN, ZEICHEN UND ASPEKTE

Jeder Planet und jedes Zeichen haben eine Glyphe oder ein Symbol:

Planeten:

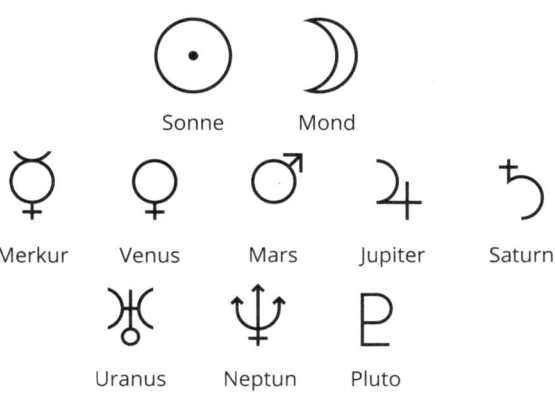

Sonne	Mond

Merkur	Venus	Mars	Jupiter	Saturn

Uranus	Neptun	Pluto

Tierkreiszeichen:

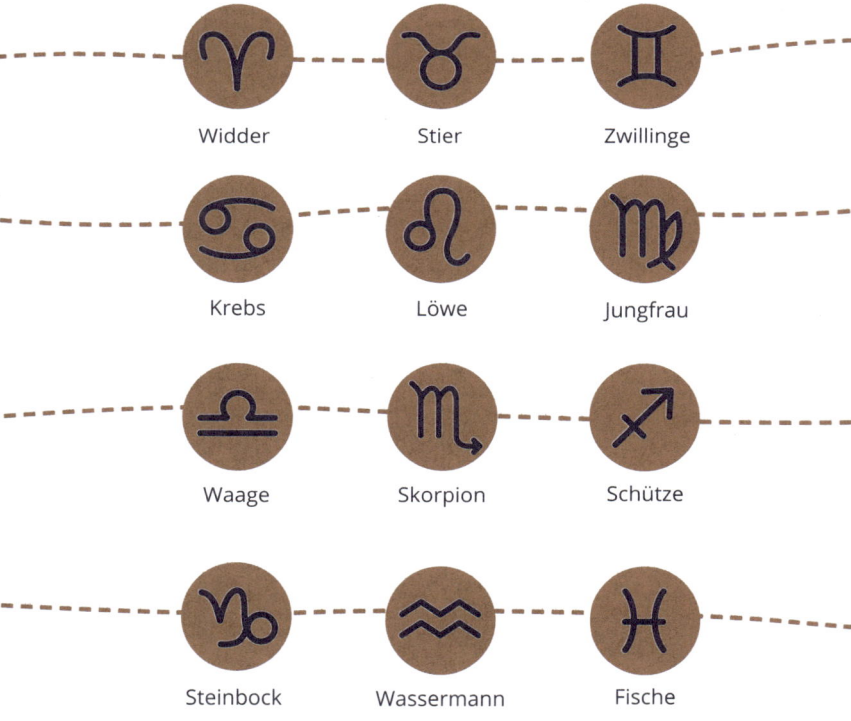

Widder

Stier

Zwillinge

Krebs

Löwe

Jungfrau

Waage

Skorpion

Schütze

Steinbock

Wassermann

Fische

PLANETARISCHE ASPEKTE

Aspekte sind Verbindungen, die von den Planeten im Horoskop gebildet werden, wenn sie sich in einem bestimmten Abstand (Winkel) zueinander befinden, und sie beschreiben verschiedene Arten von Energie. Sie werden normalerweise in Symbolform in einem separaten Gitter neben dem Horoskop dargestellt oder als Linien, die das Horoskop selbst durchkreuzen.

☌ **Konjunktion –** 0 Grad (verstärkend)

☍ **Opposition –** 180 Grad (polarisierend)

△ **Trigon –** 120 Grad (harmonisch)

□ **Quadrat –** 90 Grad (herausfordernd)

✳ **Sextil –** 60 Grad (harmonisch)

Beispiel für ein Geburtshoroskop

GEBURTSDATEN

1. Mai 1969 5:55:00 PM BST*

Glasgow, Schottland 55N53 / 4W15

1. Mai 1969 4:55:00 PM GMT**

Tropischer Tierkreis

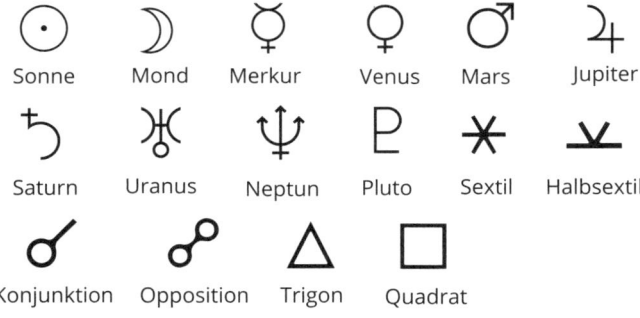

⊙ Sonne	☽ Mond	☿ Merkur	♀ Venus	♂ Mars	♃ Jupiter
♄ Saturn	♅ Uranus	♆ Neptun	♇ Pluto	✳ Sextil	⊻ Halbsextil
☌ Konjunktion	☍ Opposition	△ Trigon	□ Quadrat		

*   British Summer Time

**   Greenwich Mean Time

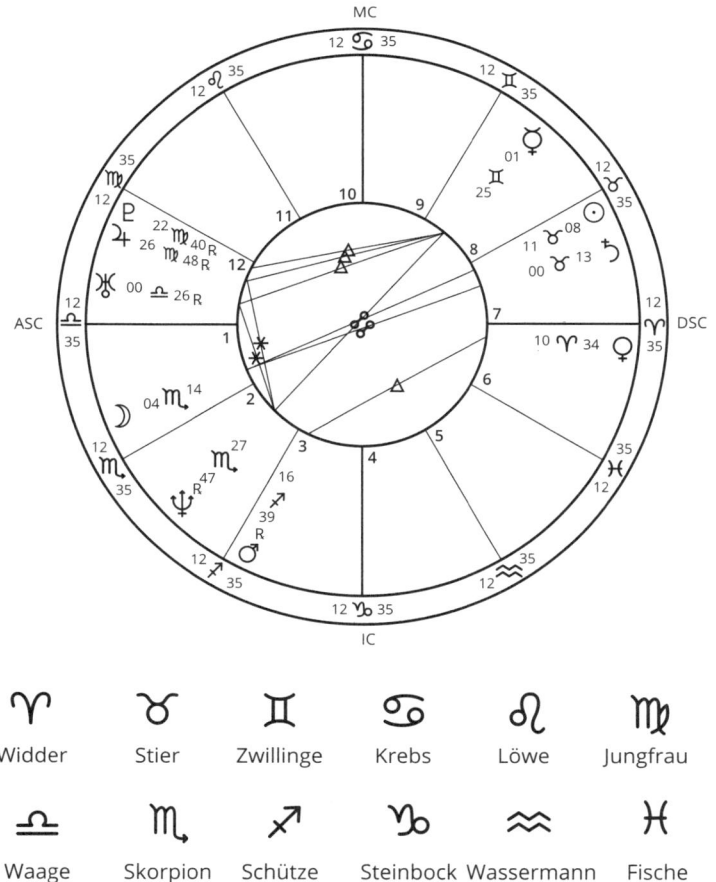

Widder	Stier	Zwillinge	Krebs	Löwe	Jungfrau
♈	♉	♊	♋	♌	♍

Waage	Skorpion	Schütze	Steinbock	Wassermann	Fische
♎	♏	♐	♑	♒	♓

Auf dem Geburtshoroskop siehst du einen Kreis mit den zwölf Tierkreiszeichen in ihren 30-Grad-Abschnitten, die gegen den Uhrzeigersinn um den Rand des äußeren Kreises angeordnet sind. Die genauen Positionen dieser Zeichen werden anhand des Aszendenten berechnet. Hier kannst du sehen, dass am 1. Mai 1969 um genau 17.55 Uhr in Glasgow das Zeichen Waage am östlichen Horizont aufsteigt – 12 Grad und 35 Minuten von der Waage, um genau zu sein. Der Aszendent befindet sich immer auf dem Scheitelpunkt des ersten Hauses – dem Teil des Horoskops, der am meisten mit dem Selbst in Verbindung gebracht wird. Von hier aus werden die anderen elf Zeichen gegen den Uhrzeigersinn eingezeichnet, bis der Kreis vollständig ist. Die zwölf inneren Segmente des Horoskops werden als Häuser bezeichnet. Es gibt verschiedene Häusersysteme, aber am einfachsten zu verstehen ist das System, bei dem sie immer an der gleichen Position bleiben – das erste Haus beginnt immer am Aszendenten. Du kannst ihre Nummern in diesem Beispiel um den Kreis in der Mitte des Horoskops sehen.

Grundlegende Deutung

DIE PLANETEN IM DIAGRAMM

Wenn wir uns dieses Geburtshoroskop ansehen, können wir erkennen, dass diese Person im Zeichen Waage am östlichen Horizont geboren wurde – sie hat also einen Waage-Aszendenten. Die Sonne stand im Stier im siebten Haus und der Mond im Zeichen des Skorpions im zweiten Haus. Merkur stand im Zeichen der Zwillinge im achten und Mars im Schützen im dritten Haus. Venus stand im Widder im sechsten Haus, Jupiter im Zeichen der Jungfrau im zwölften Haus und Neptun im Skorpion im zweiten Haus. Uranus stand in der Waage im zwölften Haus und Pluto auch im zwölften Haus, aber im Zeichen Jungfrau.

SONNE, MOND UND ASZENDENT

Wie können wir nun eine Person anhand all dieser Symbole und Zeichen erkennen? Beginnend mit der Sonne (Kernpersönlichkeit) im Stier können wir annehmen, dass es sich um eine normalerweise stabile, zuverlässige und geduldige Person handelt – vielleicht jemand, der Routine mag und ein wenig stur sein kann. Die Sonne steht im siebten Haus, das mit der Waage (Beziehungen/Gleichgewicht und Harmonie) verbunden ist, sodass von dem Bedürfnis ausgegangen werden kann, sich selbst durch Interaktion und Erfahrungen mit anderen zu entdecken, um sich »ganz« zu fühlen. Diese Eigenschaften werden noch dadurch verstärkt, dass sich der Mond (Emotionen) im Skorpion befindet – dem entgegengesetzten Zeichen des Stiers. Der Stier baut gern etwas auf und bleibt in Sicherheit, während der Skorpion es vorzieht, Dinge einzureißen oder zu verändern. Es sollte also eine Art Zwiespalt im Leben dieser Person vorhanden sein. Da der Aszendent (die Person, die man der Welt am liebsten zeigt) in der diplomatischen, kontaktfreudigen Waage steht, möchte diese Person als angenehm, fair und gesellschaftsfähig wahrgenommen werden, sodass sie ihre Emotionen manchmal als ziemlich störend empfinden könnte – vor allem, da der Mond im ersten Haus steht, das das Erscheinungsbild regiert.

MERKUR, VENUS, MARS

In diesem Beispielhoroskop steht der Merkur (Kommunikation) in seinem eigenen Zeichen Zwillinge, was ihn zu einem besonders starken Planeten macht. Das könnte auf eine ausgeprägte Liebe zu Worten hindeuten, auf einen Beruf wie Schriftsteller:in oder Redner:in, auf jemanden mit einem rastlosen Geist oder einer großen geistigen Aktivität. Da Merkur im achten Haus steht, liegt der Schwerpunkt auf Skorpion/okkulten Themen. Die Venus (Liebe/Schönheit) im Widder kann dynamisch, kindlich, mutig und impulsiv sein – und im sechsten Haus (Jungfrau/Gesundheit/Routine) kann sie auf jemanden hindeuten, der seinen Tagesablauf in irgendeiner Weise zu verschönern weiß und Spaß an detailfreudiger Arbeit hat. Mars (der Wunsch zu handeln) im Schützen zeigt eine aufgeschlossene, enthusiastische Herangehensweise an das Leben und im dritten Haus (Zwillinge/Kommunikation) kann er philosophisch, klug oder weitblickend sein.

JUPITER, SATURN

Jupiter (Expansion/Glück) steht im Zeichen der Jungfrau (methodisch, detailorientiert), was auf eine realistische Herangehensweise an Aufgaben hindeutet, aber auch jemanden symbolisieren kann, der zu viel Zeit damit verbringt, große Projekte bis ins Detail zu planen. Jupiter im zwölften Haus (Fische/Unbewusstes/Psychisches) könnte auf jemanden mit einer grenzenlosen Fantasie hinweisen. Saturn (Einschränkung) steht hier im Stier (stabil, sicher) im siebten Haus (Waage/Beziehungen), was bedeuten könnte, dass diese Person sich in einer Partnerschaft mit einem älteren Menschen wohlfühlt oder vielleicht in einer langjährigen Beziehung mit schwierigen Bedingungen zu kämpfen hatte.

URANUS, NEPTUN, PLUTO

Uranus (Veränderung/Rebellion) in der Waage (Beziehungen/Gleichgewicht) im zwölften Haus (Träume/Spiritualität) deutet auf eine Person hin, die eine unkonventionelle und übersinnliche Verbindung zu den Menschen hat, die ihr am nächsten stehen. Sie hat eine Faszination für das Übernatürliche, lebhafte oder ungewöhnliche Träume und kann unter Schlafstörungen oder einer inneren Unruhe leiden, die sich nur schwer eingrenzen lässt. Mit Neptun (Vorstellungskraft/Verlust) im Skorpion (starke Emotionen) hätte diese Person wahrscheinlich eine intensive Vorstellungskraft, und im zweiten Haus (Stier/Geld/Talente) würde dies auf Schwierigkeiten beim Umgang mit Geld oder Besitzerhalt hinweisen. Neptun im zweiten Haus deutet auf künstlerische Fähigkeiten und Fertigkeiten hin, die ein lukratives Einkommen bringen könnten. Pluto (Transformation) im Zeichen der Jungfrau (Ordnung/Details) beschreibt eine Person, die gern aufräumt, und im zwölften Haus (Fische/Träume) würde sie von einer Selbstanalyse oder dem »Aufräumen« ihres eigenen Unterbewusstseins profitieren. Sie wäre hervorragend als Psychotherapeut:in geeignet.

ASPEKTE IM BEISPIELHOROSKOP

Das Diagramm auf Seite 141 zeigt die Planetenaspekte – die Winkel, die jeder Planet zu einem anderen bildet. Diese werden als sich kreuzende Linien in der Mitte des Geburtshoroskops dargestellt. Die wichtigsten Aspekte im Beispielhoroskop sind:

Sonne in Opposition zu Mond
Sonne (Kerncharakter) polarisiert den Mond (Emotionen).

Mond in Opposition zu Saturn
Mond (Gefühle) polarisiert Saturn (Einschränkung).

Venus in Trigon zu Mars
Venus (Liebe/Schönheit) harmoniert mit Mars (Tatendrang).

Neptun in Sextil zu Uranus, Jupiter und Pluto
Neptun (Intuition) harmoniert mit Uranus (Veränderung), Jupiter (Glück/Expansion) und Pluto (Transformation).

Merkur in Trigon zu Uranus, Jupiter und Pluto
Merkur (Kommunikation) harmoniert mit Uranus (Veränderung), Jupiter (Glück/Expansion) und Pluto (Transformation).

Neptun in Opposition zu Merkur

Neptun (Intuition) steht gegen Merkur (Kommunikation).

Jupiter in Konjunktion zu Uranus und Pluto

Jupiter (Glück/Expansion), Uranus (Veränderung) und Pluto (Transformation) werden alle gestärkt. Wenn drei oder mehr Planeten eng nebeneinanderstehen, nennt man das »Stellium« und es konzentriert die Energie auf das Haus oder die Zeichen, in denen sie stehen.

Ein Werkzeug
zur Selbsterkenntnis

Die Astrologie ist ein weites Feld und so komplex wie die Psyche der Person, deren Horoskop du betrachtest. Die obige Deutung ist eine stark vereinfachte Darstellung, um dir eine Vorstellung davon zu geben, wo du anfangen kannst. Du kannst dir dein eigenes Horoskop jahrelang ansehen und dich immer noch von der Tiefe der Einsichten inspirieren lassen, die es bietet. Es ist gut, sich ins Bewusstsein zu rufen, dass kein Planet, kein Zeichen und kein Aspekt in einem Horoskop nur »gut« oder »schlecht« ist, sondern dass es darum geht, die Energien zu mischen, um ein vollständigeres Bild zu zeichnen. Was du in deinem Geburtshoroskop siehst, muss nicht unbedingt beschreiben, wer du jetzt bist, aber es steht für Herausforderungen, Chancen und Probleme, denen du irgendwann in deinem Leben begegnen wirst – schlummernde Energien, die auf den richtigen Moment warten, in dem sie wachgerüttelt werden.

Dein eigenes Geburtshoroskop

Um ein kostenloses Exemplar deines eigenen Geburtshoroskops zu erhalten, kannst du zum Beispiel die Website von »Astrodienst« besuchen: www.astro.com. Klicke auf den Link »Horoskope« in der blauen oberen Leiste, dann auf »Horoskopzeichnung, Aszendent«. Danach solltest du auf eine Seite gelangen, auf der du aufgefordert wirst, deine Geburtsdaten einzugeben. Wenn du deine Geburtszeit nicht kennst, gib 12.00 Uhr mittags ein. So erhältst du zumindest ein Horoskop für deinen Geburtstag mit genauen Positionen für die meisten Planeten. Aber denk daran, dass du eine möglichst genaue Uhrzeit brauchst, um deinen wahren Aszendenten zu finden.

SCHLUSSFOLGERUNGEN

Jetzt ist es an der Zeit, die Astrologie zu nutzen, um deine eigenen Schlüsse daraus zu ziehen, wer du als Person bist und wie du zu den Menschen um dich herum stehst. Du könntest damit beginnen, mehr über dein Sonnenzeichen zu erfahren, um deinem Zeitschriftenhoroskop mehr Tiefe zu geben. Aber wenn du zum Beispiel wissen willst, warum du dich nie mit deinen Vorgesetzten verstehst oder warum du immer wieder komische Typen anziehst – und was du in diesen Situationen tun kannst –, wirst du immer wieder von den aufschlussreichen und lohnenden Antworten der Astrologie beeindruckt sein. Wie aufregend, am Anfang einer so faszinierenden Reise zu stehen. Mögen die Sterne dein Spiegel sein!

QUELLEN

Hilfreiche Astro-Webseiten:

www.astro.com
Ausführliches Astro-Wissen; hier kannst du dein Tageshoroskop, Geburtshoroskop etc. berechnen

www.sodiac.de
Ausführliche Informationen; hier kannst du dein Geburtshoroskop etc. berechnen

www.horoskop-paradies.ch
Hier kannst du Aszendent, Mondzeichen, Planetenstände, Geburtshoroskop etc. berechnen

www.astrologyzone.com
Englischsprachige Seite; mit nützlichen Informationen und monatlichen Horoskopen

Wundervolle Astrologie-Bücher:

Linda Goodman, »Astrologie – sonnenklar: Eine astrologische Charakterkunde« (Fischer Taschenbuch, 2005)

Liz Greene, »Sage mir dein Sternzeichen, und ich sage dir, wie du liebst: Star Signs for Lovers« (Fischer Taschenbuch, 2010)

Julia und Derek Parker, »Parkers Astrologie: Alles über die Grundlagen, Tierkreiszeichen und Planeten. Das Standardwerk« (Dorling Kindersley, 2021)

Robert Pelletier, »Das Buch der Aspekte« (Kailash, 2006)

DIE AUTORIN

Marion Williamson ist Astrologin, Autorin und Redakteurin. Sie wurde neugierig auf die Sterne, nachdem ihre Mutter ihr beigebracht hatte, wie man die Sternbilder am Nachthimmel erkennt. Als Teenager entdeckte sie in einer Bücherei einen Haufen sehr alter Astrologiebücher, die sie bis heute nicht zurückgegeben hat. Sie wurde süchtig nach dem Erstellen von Geburtshoroskopen und finanzierte sich ihr Studium, indem sie Artikel zum Thema Astrologie veröffentlichte. Von 2000 bis 2010 war sie erst stellvertretende Chefredakteurin und dann Chefredakteurin des *Prediction Magazines,* einer traditionsreichen spirituellen Lifestyle-Publikation in Großbritannien (1936–2012). In dieser Zeit interviewte sie viele der weltweit führenden Astrolog:innen und Self-Development-Expert:innen und arbeitete mit ihnen zusammen. Marion ist Autorin zahlreicher Bücher, Zeitschriften und Publikationen aus dem Bereich Geist, Körper und Seele. Sie lebt mit Tim und ihrer Katze Paddy in Brighton. Um mehr zu erfahren, besuche sie auf ihrer Website *marionwilliamson.wordpress.com* oder auf Twitter *@I_Am_Astrology.*

Astrologie ist eine Sprache. Wenn du diese Sprache verstehst, spricht der Himmel zu dir.

Dane Rudhyar

Noch mehr Astrologie:

ISBN 978-3-8458-4966-9

ISBN 978-3-8458-4967-6

ISBN 978-3-8458-4968-3

ISBN 978-3-8458-4972-0

ISBN 978-3-8458-4973-7

ISBN 978-3-8458-4974-4

Mehr Infos zu den Büchern finden Sie unter
www.arsedition.de
Newsletter abonnieren:
www.arsedition.de/newsletter

12 Sternzeichen-Kartenboxen

ISBN 978-3-8458-4969-0

ISBN 978-3-8458-4970-6

ISBN 978-3-8458-4971-3

ISBN 978-3-8458-4975-1

ISBN 978-3-8458-4976-8

ISBN 978-3-8458-4977-5

Geschenke mit Herz

arsEdition
... bringt Freude

Haftungsausschluss

Der primäre Zweck dieses Buches ist es, zu unterhalten. Die Autorin und der Verlag übernehmen keine Haftung oder Verantwortung für Verluste oder Schäden, die durch die in diesem Buch enthaltenen Informationen verursacht werden.

In einigen Fällen war es nicht möglich, für den Abdruck der Texte die
Rechteinhaber:innen zu ermitteln. Honoraransprüche der Autor:innen,
Verlage und ihrer Rechtsnachfolger:innen bleiben gewahrt.

Die in diesem Buch gewählten geschlechtlichen Formen beziehen sich
immer zugleich auf weibliche, männliche und diverse Personen, denn
natürlich sollen unsere Bücher allen Menschen Freude bringen.

Titel der Originalausgabe: The Little Book of Astrology
Die Originalausgabe ist 2017 bei Summersdale Publishers Ltd. erschienen.
Copyright © Marion Williamson, 2017
All Rights Reserved. Published by arrangement with Summersdale
Publishers Ltd.

© 2022 für die deutsche Ausgabe: arsEdition GmbH,
Friedrichstr. 9, D-80801 München
Alle Rechte vorbehalten
Text: Marion Williamson
Aus dem Englischen von Ute Löwenberg
Covergestaltung: Grafisches Atelier, arsEdition GmbH
Satz Innenteil: Daniela Schulz
Bildnachweis Cover: www.shutterstock.com: Transia Design
Bildnachweis Innenteil: www.shutterstock.com: Helen Lane, Olga Rom,
Peter Hermes Furian, Brothers Good, Panptys, Firejackal, vectorstockstoker

ISBN 978-3-8458-4965-2

www.arsedition.de

MIX
Papier | Fördert
gute Waldnutzung
FSC® C002795